KB129424

요즘 • 광주 • 생각 •

요즘 광주 생각

광주를
이야기하는
10가지
시선

오지윤
권혜상
지음

꼼지락

Prologue

광주에 연고는 1도 없습니다만

2017년 여름, 우리 팀에는 단 세 사람이 존재했다. 팀장1, 카피(카피라이터)1, 아트(아트디렉터)1. 누구 한 사람이라도 삐끗하면 일이 제대로 돌아갈 수 없는 조촐한 삼각 대열. 한 달 넘게 계속되는 새벽 근무와 주말 출근으로 인해 우리 팀은 잠자는 시간을 뺀 모든 순간을 함께하고 있었다.

그러던 어느 날, 예상치 못한 칼퇴의 기회가 찾아왔다. 아직 해도 지지 않은 초저녁이었다. 이렇게 밝은데 퇴근하라니. 카피1과 아트1은 납치범과 사랑에 빠진 인질들처럼 회사를 떠나지 못했다. 이 귀한 저녁을 어떻게 써야 한단 말인가. 고심 끝에 우리는 박스오피스 1위 영화를 무작정 예매했다. 바로, 〈택시운전사〉(2017)였다.

영화가 끝났다. 이미 영화를 본 천만 관객들처럼 감동에

젖은 우리는 엘리베이터에 탈 때까지 말을 아꼈다. 지금 생각해보면, 광고천재 코스프레도 아니고 왜 그런 말을 꺼냈는지 모르겠다. 카피1이 낮게 깔린 목소리로 아트1에게 말했다.

“우리, 광주를 리브랜딩해보면 어때?”

다행히 아트1이 카피1의 허세를 한마디로 진압했다.

“그거, 직업병이에요.”

그날부터 카피1은 평소엔 관심 없이 지나치던 것들이 눈에 들어오기 시작했다. 카피1은 퇴근할 때마다 광화문광장을 지나야 했는데, 한 할아버지가 플래카드를 높이 들고 매일 출석 도장을 찍는다는 걸 알게 됐다. 플래카드에는 ‘5·18 민주화운동과 북한의 관계’라는 글이 빼곡하게 적혀 있었다. 직접 쓴 할아버지의 붉은색 필체는 과감하고도 필사적이었다. 저분을 온종일 서 있게 만드는 원동력은 뭘까? 그 옆에서 보행 신호를 기다리며 할아버지를 바라보는 대학생은 무슨 생각을 할까? 물음표는 알아서 몸집을 불려나갔다.

결국, 카피1과 아트1의 〈광주리: 광주를 다시 이야기하다〉 프로젝트가 시작되고 말았다. 우리는 광주에 연고도 없었을뿐더러 광주에 대해 잘 알지도 못했다. 그래서 다행이었다. 광주에 대해 잘 아는 어른들의 이야기는 이미 세상에 많았으니까. 오직 2030세대의 목소리를 담기로 했다. 지금까지의 광주보다 앞으로의 광주가 궁금했다.

가장 먼저 '광주리'라는 프로젝트 이름을 짓고, 프로젝트의 로고를 디자인했다(주먹밥 모양 아이콘은 서희, 민지와의 인터뷰에서 발견하여 아트1이 작업한 광주의 비주얼 아이덴티티이다). 광고일이 그렇다. 무엇이든 한마디로 정의하고 심플하게 표현하는 것부터 시작한다. 그래서인지 광주리도 처음엔 자꾸 정답을 찾아다녔다. 기성세대가 논하는 광주가 아닌 새롭고 멋진 광주를 건져올리고 싶었다. 그래야 할 것 같았다.

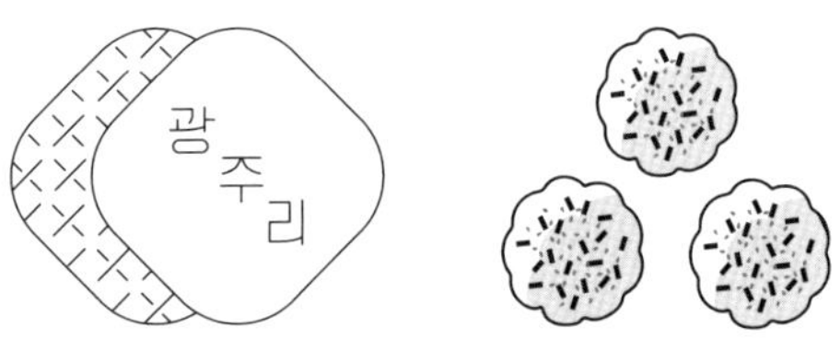

그런데 이 년 동안 게으른 속도로 프로젝트를 진행하다 보니 우리의 생각도 조금씩 변해갔다. 다행스럽게도 얼마 지나지 않아 이 프로젝트에는 '정답' 같은 게 없다는 걸 깨달았다. 부산 사람과 연애 중이라는 광주 사람 PSK의 인터뷰에서였다. 광주에 대해 이야기해보는 것 자체로 의미가 있다고 말해준 그녀 덕분에 프로젝트를 계속해나갈 명분을 얻었다. 우리가 한 일은 '질문하기' 그 이상도 이하도 아니었다. 상대방도 쓸모 있는 말, 멋진 답을 해야 한다는 강박을 버리고 나니 인터뷰는 더 자유로워졌다.

누군가는 우리에게 광주를 알지도 못하면서 왜 이런 일을 하냐고 물었다. 정치색이나 저의를 따지는 질문도 더러 받았다. 그냥, 하지 않던 이야기를 함께 나누고 싶었고, 그동안 들어보지 못했던 목소리를 듣고 싶었다. 노래방에서 계속 혼자만 노래하는 부장님의 마이크를 빼앗아 막내에게 쥐여주고 싶었달까.

이 책에는 개성 있는 열 명의 젊은이와 함께 나눈 광주에 대한 대화가 담겼다. 각 인터뷰는 광주에 대한 저자들의 생각과 경험 등에 관련된 이야기로 먼저 시작된다. 그리고 서로의 생각을 꺼내놓는 인터뷰 속으로 들어간다. 이 대화들을 듣고 당신은 어떤 말을 덧붙이고 싶은지 궁금하다. 결코 승패가 있는 토론이 아니니, 부디 마음 편히 읽어주기를.

Prologue. 광주에 연고는 1도 없습니다만 4

인터뷰 하나。 주먹밥 만드는 날
광주의 초등학교 교사_서희, 민지 11

인터뷰 둘。 진실은 돈이 됩니다
베를린의 역사학도_지나 35

인터뷰 셋。 광주 캘리포니아
도시 연구가_준영 49

인터뷰 넷。 거울아, 거울아, 나 제대로 사는 거 맞니?
속 깊은 광주 청년_구글전 71

인터뷰 다섯。 광주 사람이랑 결혼하지 말라고?
할 말은 하는 사람_PSK 81

인터뷰 여섯。 광주 남자, 서울 여자
페미니즘 서점 '달리, 봄'의 책방지기_승리, 소연 93

인터뷰 일곱。 샌님같이 굴지 말아요
5년 차 예능 PD_쩨리 113

인터뷰 여덟。 함께 살아갈 사람들에게
패기 있는 새싹 기자_경 125

인터뷰 아홉。 광주와 광화문의 상관관계
97년생 의무경찰_종 141

인터뷰 열。 거리 두기와 의심하기
예술 하는 회사원_철썩 159

Epilogue. 요즘. ( ). 생각. 168

추천사. 170

1

주먹밥 만드는 날

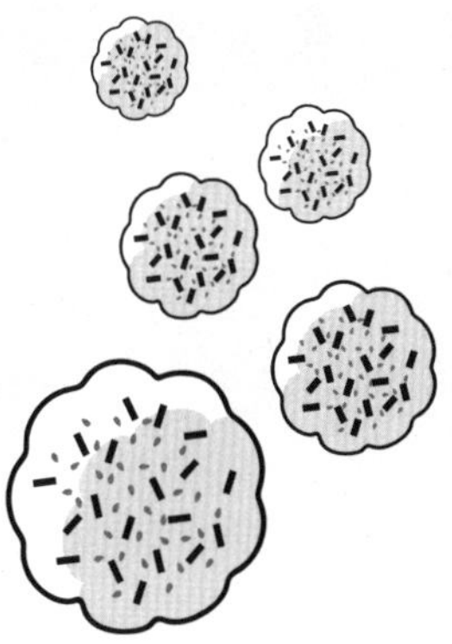

인터뷰 하나

서희·민지

7년 차 초등학교 선생님들.
광주에서 나고 자라, 광주에서 살고 있다.

한때 마케팅계에는 'Why(왜)' 바람이 불었다. 무엇을 파는지 주절주절 늘어놓던 What(무엇)의 시대가 수명을 다하고 브랜드의 철학을 이야기하는 Why의 시대가 시작된 것이다. '무엇'의 열거에 지친 사람들은 '왜'의 서술에 끌리기 시작했고, '정보'의 시장은 '이야기'의 시장이 되었다. '왜'라는 질문에 답할 이야기가 없는 브랜드들은 수명을 다하거나 뒤늦은 스토리텔링을 시작해야 했다.

인간관계도 다를 바가 없다. 사건의 열거만 가득한 관계는 지인에 머물기 쉽다. 하지만 사건과 사건 사이를 진솔한 이야기로 메우는 관계는 친구가 되기도 한다. 사건만 남은 관계에서는 억측이 생기고, 억측은 오해를 낳는다. 오해가 소문이 되어버리면 그다음은 말할 것도 없다. 그래서 진실한 인간관계에는 '왜'가 필요하다. 왜 그런 일을 했는지, 어쩌다 지금의 당신이 되었는지 사건과 사건 사이에 '사연'이 스며들 때 한 사람을 이해할 수 있는 가능성이 조금씩 쌓인다.

여기 한 도시가 있다. 이 도시에서는 슬프고 잔인한 일이 벌어졌다. 수십 년 동안 이 도시를 둘러싼 무성한 소문이 생겨났다. 어떤 소문은 어떤 이들 사이에서 사실이 되어버리기도 했다. 학창 시절에 나는 이 도시의 역사를 시간 순서로 암기했다. 그렇게 공부하면 객관식 문제의 정답은 얼마든지 맞힐 수 있었다. 높은 시험 점수만큼 진실에 가까워졌는지는 모르겠지만.

이 도시에도 '왜'라고 물어줄 사람이 필요했다. 여느 때와 다름없이 가게 문을 열고, 아이를 학교에 보내고, 설거지를 하던 일상이 왜 난장판이 되어야 했는지. 왜 거리로 나갈 수밖에 없었는지. 궁극적으로 그들이 어떤 가치를 믿고 있었는지. 그 질문을 던져줄 누군가가 필요했다. 사건과 사건 사이에 숨겨진 '가치'와 '의미'를 물어봐줄 누군가가.

우리의 첫 번째 인터뷰는 바로, 그들의 이야기다.

줄곧 광주에서 살았다고 들었어요.

———— 대학교에 다닐 때만 광주를 떠나 있었어요. 그 전에는 초등학교 2학년 때 1박 2일로 서울에 여행갔던 일이 전부네요. 하하. _서희

다른 지역에서 살아본 건 대학교 때가 처음이었군요. 광주에서 왔다고 말했을 때 기억에 남는 상대방의 반응이 있었나요?

———— 대학교 1학년 때 교지 편집위원회 활동을 했어요. 그때가 4대강 사업이 완공될 무렵이었죠. 여름방학이 되어서 4대강에 반대하는 대학생 시민연대에 참여했어요. 그런데 길에서 마주친 어떤 아저씨

가 "너희는 뭘 위해서 이런 걸 하니?"라고 물어왔어요. 간단하게 저희 활동에 대해서 설명했죠. 설명을 듣고는 아저씨가 "너 그런데 고향이 어디니? 말투가 이상하다?"라고 하더라고요. 당시 멤버들이 거의 다 경상도 사람이었는데 저만 전라도 사람이어서 말투가 더 다르게 들렸나 봐요. "저는 광주인데요"라고 대답했더니 한 아저씨는 "오, 역시 광주 사람이라 이런데 관심이 많구나"라고 했고, 다른 아저씨는 "빨갱이네"라고 했죠. 다른 지역 분들이 제 출신에 대해 말하는 걸 들은 건 그때가 처음이나 마찬가지였어요. 아직도 기억하는 걸 보니 꽤 충격적이었나 봐요. 하하. _서희

———— 대학교 친구들끼리 5·18민주화운동에 대해 이야기를 나눈 적이 있어요. 아무래도 선생님이 되기 위해 모인 친구들이다 보니, 다양한 주제에 대해 말할 기회가 많았어요. 저는 광주에서 학교를 다니면서 사회 시간에 5·18민주화운동에 대해 꽤 자세히 배웠거든요. 그런데 다른 지역 친구들은 간단히 배우고 넘어갔다고 해서 정말 차이가 크다고 느꼈죠. 광주에서는 많은 시간을 5·18에 대해 다루고, 실제

로 유적지에 견학 가는 것도 중요하게 생각해요. 다른 지역 친구들은 5·18민주화운동도 암기해야 하는 수많은 사건 중 하나라고 했어요. 사실 그게 당연하잖아요. _민지

아무래도 역사적 사건이 일어난 곳에 사는 학생이 아니니까, 다른 역사와 비슷한 깊이로 배운다고 생각해요. 저도 그랬고요.

———— 우리가 제주4·3사건을 기본적으로 '제주도에서 일어난 비극적인 역사'로 생각하잖아요. 5·18민주화운동도 마찬가지예요. 광주가 아닌 다른 지역 분들은 더 멀게 느낄 수밖에 없다고 생각해요. _민지

이제 학생이 아닌 선생님이 되어서 아이들에게 5·18민주화운동에 대해 가르쳐보니까 어때요?

———— 사실 수업할 때 울컥한 적이 있어요. 제가 그 시대를 겪었던 건 아닌데도요. _민지

———— 요즘 학생들은 5·18민주화운동을 아주

옛날 역사로 생각해요. 학생들 입장에서는 워낙 오래 전 일이니까요. 그래서 저희가 설명하다가 울컥하면 학생들은 “선생님, 왜 그러세요?” 하면서 당황하죠.

_서희

우리도 위 세대에 비하면 훨씬 관심이 적잖아요. 요즘 학생들에게는 더 희미하게 느껴지겠죠.

———— 그래서 체험 측면의 교육이 더 필요하다는 생각이 들어요. _서희

과거에 일어난 일을 체험할 수 있는 특별한 방법이 있을까요? 영상이나 이미지를 보여주면 초등학생은 무서워할 수도 있을 것 같아요.

———— 잔인한 사진이나 영상은 되도록이면 보여주지 않는 편이에요. 지금은 5·18민주화운동에 대해 교육하는 책자가 따로 나오고 있어요. 이야기 형식으로 전달할 수 있도록 하는 건데요. 그림책이나 애니메이션도 많이 만들어지고 있어요. _민지

그건 처음 들어보네요! 제가 어렸을 때만 해도 영상이나 사진 자료로만 배웠거든요.

———— 5월 18일이 되면 광주에서는 주먹밥을 만들어 먹기도 해요. 학교에서도 급식으로 주먹밥을 나눠 주고, 국수가 나와요. 그 당시에 시민들이 주먹밥을 나눠 먹고 힘을 합쳤던 경험을 그대로 느껴보는 시간이죠. _민지

———— 이제는 5·18민주화운동을 '사건' 위주로 가르치기보다는 '가치' 위주로 가르치려고 해요. 몇 월 며칠에 계엄군이 무엇을 했다는 '사실'을 나열하는 것이 우리 때 배웠던 방식이라면 지금은 협동, 나눔, 민주화 등의 '가치'에 집중하는 거죠. _서희

———— 맞아요. 다 같이 주먹밥을 만들어 나누어 먹는 것도 협동 정신을 배우는 거예요. _민지

주먹밥이 되게 중요한 상징 같아요.

———— 네. 그렇다고 생각해요. 절망적인 상황에서도 자발적이고 능동적으로 질서를 만들고 상부

상조했던 5·18민주화운동의 가치를 상징하는 거죠. _서희

———— 그렇죠. 공포 속에서도 서로 나눠주고 도와주고. _민지

———— 외부와의 교통이 끊겼다는 건 그 안에서 폭동이 일어날 수도 있었다는 거예요. 그런데 함께 살아남기 위해 생필품까지도 나누어 가진 거죠. 정말 대단한 마음이라고 생각해요. 5·18민주화운동이 잔인하고 폭력적인 '사건'으로 다뤄져왔다면 그 안에 있는 '가치'에 대해 가르치고 싶어요, 이제. _서희

더 이상 '사건'으로만 조명하지는 말자는 거군요.

———— 네. 5·18민주화운동 하면 잔인한 이미지가 먼저 연상되는 게 아니라……. _서희

시민의식?

———— 맞아요. 협동과 시민의식이 먼저 떠올랐

으면 좋겠어요. _서희

5·18민주화운동에 대해 가르치면서 기억에 남는 아이들 반응이 있나요?

———— '5·18은 ○○다'라는 문장을 완성해보는 시간을 가진 적이 있어요. 그때 "5·18은 그때 당시 광주 시민들의 희생으로 얻은 자유와 민주주의다"라고 적은 애가 있었어요. 3학년 여학생이었는데, '희생'과 '자유'라는 단어를 스스로 적었다는 게 놀랍고 대견했어요. _민지

초등학교면 저학년과 고학년이 수업을 이해하는 정도가 크게 다를 것 같아요. 학년별로 가르치는 내용은 같나요?

———— 학년마다 다르게 가르쳐요. 반응도 다르죠. 저학년에게는 그림책이 많이 활용돼요. 예를 들면, 물고기 동화 교재가 있죠. 무섭고 폭력적인 큰 물고기가 작은 물고기들을 괴롭히러 찾아오는 내용이에요. 큰 물고기는 당시 정권을 상징하죠. 작은 물고기들이 힘을 합쳐 덩치가 훨씬 큰 물고기를 만들어 나

쁜 물고기를 몰아내면서 이야기가 끝나요. 협동심이 라는 가치를 중심으로 교육하는 거죠. _서희

정말 좋은 접근인 것 같아요. 그런 자료들은 누가 만드는 건가요?

———— 5·18기념재단에서 만드는 걸로 알고 있어요. 재단에서는 5·18민주화운동에 대한 다양한 사업을 추진하는데요. 저는 직업이 교사다 보니 교육연수 프로그램을 주로 찾아봐요. 재단 홈페이지에 들어가면 교육 및 교재와 관련하여 '5·18 교육'이라는 패밀리 사이트(edu.518.org)를 운영하고 있어요. 사이트에 접속하면 무료로 받을 수 있는 자료가 많아요. 교사들이 이런 자료를 스스로 활용하기도 하지만 광주광역시교육청이 학교로 공문을 보내서 자료들을 소개해주기도 합니다. 자료는 5·18 교육에 관심이 많은 선생님들이 집필한다고 들었어요. _서희

오, 선생님들에게 정말 좋은 정보네요. 이 자료들은 전국적으로도 활용되고 있나요?

———— 5·18 교육에 대한 공감대는 전국적으로

확산되었다고 생각하지만, 자료까지 전국적으로 활용되지는 않는 것 같아요. 다른 지역에서 근무하는 선생님들 이야기를 들어보면 개인적으로 찾은 인터넷 자료로 수업하는 경우가 많더라고요. 다른 지역에서도 이런 자료의 활용을 독려하고 싶은데, 쉽지 않죠.

_서희

혹시 4·19혁명과 같은 다른 역사도 저학년을 위한 교재가 따로 있나요? 아니면 5·18민주화운동에 좀 더 집중되고 있나요?

———— 4·19혁명, 6·10민주항쟁, 제주4·3사건, 최근 세월호참사와 같이 잊지 말아야 할 역사에 대한 교육은 교육청과 학교를 중심으로 꾸준히 장려되고 있어요. 다른 지역은 어떤지 모르겠지만 광주는 그렇습니다. 다만 사실관계를 위주로 교육하기엔 초등학생들에게 너무 어려울 수 있어요. 그래서 '계기교육'이라는 말을 쓰는데요. 특정 역사에 대해 학생들이 즐겁게 참여하며 배울 수 있도록 가르치는 거예요. 이에 관해 선생님들도 교육 방법이나 교재에 대한 연수를 꾸준히 받고 있어요.

확실히 광주에서는 5·18민주화운동이 더 부각되

는 점이 있긴 해요. 과거에는 '폭동' '사태'로 불렸던 시절이 있잖아요. 그러다 '민주화운동'이라는 이름으로 정립되었죠. 이런 논쟁의 과정이 있었기 때문에 5·18민주화운동에 대한 제대로 된 인식과 교육의 필요성이 더 부각되고, 지역사회의 관심도 더 높을 수밖에 없는 것 같아요.

당장 우리 이웃, 친구의 부모님이나 조부모님이 겪었던 일이기도 하고요. 광주에서 나고 자란 사람들에게 5·18민주화운동은 남달리 느껴질 수 있죠. 선생님들도 더 사명감을 가지고 가르치는 분이 많은 것 같아요. _서희

선생님 마음속에 단단한 교육관이 자리 잡고 있다는 게 느껴지네요.

———— 잔인한 현대사를 접하는 일이 학생들에게 트라우마가 되지 않을까 하고 걱정하는 분도 많아요. 저도 마찬가지예요. 하지만 그 걱정 때문에 마냥 피할 수만은 없다고 생각해요. 오히려 우리가 제대로 짚어주지 않으면 대중매체나 인터넷에서 본 이미지만 믿고 살아갈 테니까요. 왜곡된 이미지로만

학습하고 성인이 되면 안 될 일이죠. 제대로 가르쳐 주고 싶어요. _서희

그렇죠. 학생들도 유튜브를 통해 어떤 영상이든 볼 수 있으니까요.

——— 수업하다가 깜짝 놀랐던 적이 있어요. 학생들이 슬픈 소설이나 슬픈 노래에 대해 배울 때 세월호가 생각난다고 하더라고요. '슬픔'이라는 감정을 계속 세월호랑 연결시키는 거예요. 슬픈 음악이 나오면 "선생님, 세월호가 생각나요"라고 하고 수업 중에 '배'라는 단어가 나와도 세월호를 떠올려요. 그럴 때마다 세월호랑은 다른 거라고 자꾸 말해줘요. 분리시켜주려고 노력하는데 마음이 아프죠. _민지

——— 우리가 초등학생일 때 봤던 9·11테러의 무게와 비슷한 것 같아요. 그때 선교사 한 분이 희생됐던 게 기억이 나요. 그때 저희 학교 선생님들은 그 일에 대해 제대로 가르쳐주지 않았어요. 그래서 친구들끼리 판도라TV 같은 데서 더 찾아봤죠. 노무현 전 대통령의 서거와 관련해서도 학교에서 쉬쉬하는

분위기였던 걸로 기억해요. 학교에서 몰래 뉴스를 보다가 선생님이 오면 끄고 그랬어요. _서희

———— 제가 다녔던 학교는 좀 달라요. 그때 하루 종일 다 같이 뉴스만 봤거든요. 선생님들이 말리지도 않으셨어요. 그런데 학생들이 뉴스를 보면서 막 우는 걸 보고, 국어 선생님이 해준 말이 기억나요.

"지금 너희가 우는 게 사람들이 우니까 따라서 우는 건지, 아니면 정말 너희 스스로가 슬퍼서 우는 건지 잘 구별해야 한다. 지금 이 순간을 잘 기억해둬라."

스스로 판단력을 길러야 한다는 거죠. 정말 좋은 선생님이었어요. _민지

———— 스스로 생각할 수 있도록 하려면 어떻게 가르쳐야 할까 하다가, 광화문 촛불집회 같은 현시점의 사건과 연결시켜서 설명하기도 했어요. 그건 이 친구들이 직접 겪었던 일이잖아요. 촛불집회에서 아이들이 몸소 느꼈던 가치와 견주어서 설명하는 거죠. _서희

사실 저희가 받았던 교육은 민주주의보다는 얼마나 비극적이었고 처참했는지와 같은 정치적·폭력적 충돌에 초점이 맞춰졌잖아요. 지금은 정말 많이 달라졌네요.

———— 네. 잔혹했다는 사건 자체보다 '왜' 싸웠고 '무엇을 위해' 싸웠는지를 가르치는 것도 중요하다고 생각해요. 어떤 가치를 지키려고 그렇게까지 했는지. _서희

———— 맞아요. 그러면 아이들도 민주주의의 의미에 더 집중할 수 있죠. 그런데 부모님 말씀만 듣고 역사적 사실에 대해 벌써 부정적인 평가를 하는 아이들도 있어요. 아직 판별 능력이 없는 상태에서 그런 말만 배우기 때문이라고 생각해요. _민지

맹목적으로 비난하거나 지지하는 건 어느 세대에서나 좋지 않은 것 같아요. 스스로 텍스트를 독해하는 힘을 가르치는 게 중요하겠죠.

———— 너무 어렸을 때 모두 가르쳐주려고 하면 그건 또 다른 주입식교육이 될 수 있어요. 그래서 스스로 판단력이 생기는 중고등학교 때 심화 교육을

해야 하죠. 그런데 정작 중고등학교에 가면 입시 일정에 쫓겨서 훅훅 지나가는 게 문제예요. _서희

이런 역사교육을 너무 자세히 하는 걸 꺼려 하는 학부모님도 있다고 들었어요.

———— 제가 학생일 때는 선생님들이 제대로 가르쳐주지 않았던 것 같아요. '레드페스타'라고 충장로에서 중고등학생들이 페스티벌을 열었는데, 오히려 거기서 많이 배웠어요. 그 축제가 항상 5·18민주화운동에 관해서 열렸거든요. 대학생들이 5·18민주화운동에 대한 연극을 올리기도 하고 그랬어요. _서희

요즘 중고등학생들은 레드페스타에서 뭘 하나요?

———— 각화중학교라는 혁신학교에서 '5·18 알아보기' 이런 걸 했었어요. 그 학교에 가면 노란색 바람개비가 쭉 붙어 있던 기억이 나요. 되게 적극적인 학교예요. 아무래도 축제랑 연계하다 보면 아이들이 스스로 생각하고 이야기하고, 역사를 살아 있게 만드는 계기가 되는 것 같아요. _서희

이미 알고 있는 내용이라도 참여하는 시민이 많은가요?

———— 주로 중고등학생들이 초등학생 친구들한테 가르쳐주는 프로그램이 많아요. _서희

———— 초등학생도 부모님과 같이 와요. 5·18 버스도 있죠. _민지

———— 어느 날 〈오월길 탐방 신청서〉라는 공문이 온 거예요. 나중에 보니까 5·18과 관련된 장소마다 '오월길'이라는 게 붙어 있더라고요. 그런데 웬만한 시내는 오월길이고, 저희 동네도 오월길이에요. _서희

외부에서는 5·18민주화운동이라고 하면 분위기가 무거워지는데, 광주의 분위기는 다르네요.

———— 광주에서는 5·18민주화운동과 관련된 활동이 엄청 활발해요. 사실 저는 솔직히 영화 〈택시운전사〉가 이렇게 잘될 거라곤 생각을 못 했어요. 다들 알고 있는 내용이니까요. _서희

아무래도 제삼자의 입장에서 썼기 때문에 외부인이 관심 갖기에 좋았던 것 같아요. 선생님들과 이야기를 나눠보니까, 광주라는 지역에 대한 자부심이 있을 것 같아요. 어때요?

———— 5·18민주화운동에 대해 가르치고 나면 "선생님은 우리가 이런 도시에 살고 있다는 데 엄청난 자부심을 느껴"라는 말을 꼭 해줘요. 3학년 이후부터는 학생들이 잘 공감해주더라고요. 1학년들은 '자부심이 뭐지?'라고 생각하는 것 같지만. 하하. _민지

———— 선생님들끼리도 이야기를 많이 나눠요. 어떻게 하면 더 잘 가르칠 수 있을지, 자료도 서로 주고받고. _서희

그럼 5·18민주화운동이나 고향을 떠나서, 두 분이 광주라는 도시에 가지고 있는 감정은 뭘까요?

———— 저는 '좋다'예요. 하하하. _민지

———— 가끔 다른 지역 사람들이 가지고 있는 편견에 대해 듣고 외로울 때도 있었어요. 광주에서 왔다고 하면 색안경 끼고 보는 분들도 있었거든요. 그

걸 경험해보니까, '왜 저렇게까지 생각하지?' 하는 의문이 들기도 했죠. _서희

———— 다른 지역에 가서 사투리를 쓰면 스스로 의식하게 되는 것도 있긴 해요. 그럼에도 긍정적이고 좋은 이미지가 훨씬 더 커요. _민지

다른 지역 선생님이 될 수도 있었을 텐데, 왜 광주를 선택했나요?

———— 사실, 이 지역을 벗어나고 싶다고 생각해 본 적이 없어요. 대학교를 졸업하고 거리낌 없이 돌아왔어요. 선생님으로 살아간다는 관점에서도 좋은 도시 같고요. _서희

———— 광주는 상대적으로 진보적인 교육을 하는 도시라고 들었어요. 그래서 새로운 시도도 많이 해보고 싶었고요. _민지

진보적 교육이라는 말을 들으니 궁금해졌어요. 광주는 어떤 이미지를 가지고 있다고 느끼나요?

——— 어떤 분이 광주에 와서 정치 이야기를 하면서 "제가 광주니까 이런 말 하지, 다른 데서는 이런 이야기 잘 안 해요"라고 한 적이 있어요. 광주니까 이야기를 편하게 할 수 있다는 생각이 신기했어요. 광주는 맘껏 비주류일 수 있는 곳이라는 이미지가 있나 봐요. 자신의 비판적 시각을 모두 꺼내도 웃고 떠들고 할 수 있으니까. 광주에서 왔다고 하니까 민주적이고 할 말은 하고, 그런 이미지의 도시라서 좋다고 하는 친구도 있었어요. _서희

——— 부모님 세대와는 달리 우리 세대는 정당보다는 개인을 보려고 노력한다고 느껴요.

어떻게 보면 우리 한 사람 한 사람이 그 도시의 이미지를 만들어가고 있는 거죠. _민지

그럼 다른 지역 분들에게 광주가 어떤 이미지였으면 좋겠어요?

——— 색안경 끼지 않고 봐주면 좋겠어요.

_민지

——— 광주 사람이라고 했을 때, 막 과격한 사

람으로 보이는 것은 싫어요. 하하. 그런 면에서 '문화'로 접근하려는 시도가 참 좋다고 생각해요. 예전에 광주에서 '난장 페스티벌'이라는 걸 했는데요. 공연 시간이 518분이었어요. 518분이 지나면 딱 끝나는 거였는데, 우리의 역사를 문화로 승화시키고 사람들에게 부담 없이 다가가는 시도가 참 좋았던 것 같아요. 사람들도 편하게 느끼고. _서희

역사가 아직 완전히 진상규명되지 않았기 때문에 문화적으로 승화시키는 게 조심스럽다는 의견도 있을 것 같아요.

———— 동시에 할 수는 없을까요? 진상을 규명하는 건 그것대로 하고, 문화적으로 승화시키는 것은 또 그것대로 하는 거죠. 두 가지가 같이 갈 수 있다고 생각해요. 문화적인 접근이 그걸 방해한다고 볼 수는 없을 것 같아요. _서희

———— 같이 가는 거죠. 치우치지 않게. _민지

선생님이 되고 나서 대한민국의 역사교육에 대해 달라진 생각

이 있나요?

———— 역사교육은 참 어려워요. 초등학생들 머릿속에 당장 지식을 넣어줄 수는 없다고 생각해요. 스스로 생각하는 힘도 아직은 부족할 수 있고요. 그래도 어렸을 때부터 관심 갖게 해주고 싶어요. _서희

요즘 초등학교는 학생이나 학부모나, 다 예측 불가능하다고 들었어요. 너무 열정적이고 적극적인 수업 방식 때문에 학부모의 민원을 받은 적은 없나요? 하하.

———— 전혀 없었어요. 오히려 어떤 선생님은 학부모께서 '깨어 있는 선생님'이라고 격려해주기도 했대요. 세월호참사 후에 어떤 학생들은 부모님이랑 진도에 다녀오기도 했어요. 어른들보다 더 적극적이에요. 그리고 4월 16일이 되면 세월호와 관련된 일기를 다들 꼭 써요.

'내가 이걸 잊지 말아야지, 내가 이걸 먼저 기억해야지.'

그런 일기를 꼭 써요. 정말 기특하다는 생각을 해요. _민지

2

진실은 돈이 됩니다

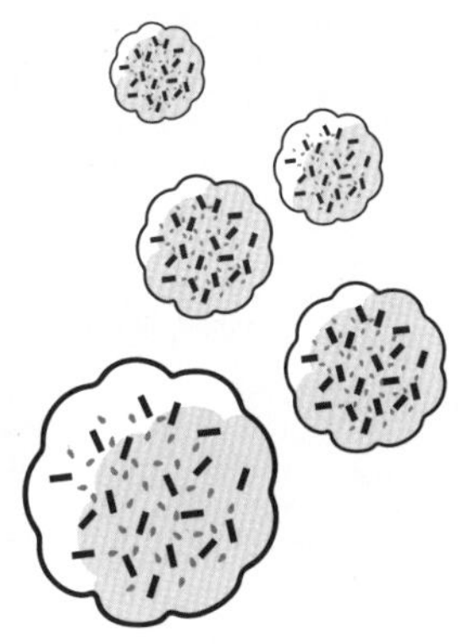

인터뷰 둘

지나

역사를 공부하는 5년 차 베를리너.
진실은 가려지지 않는다고 생각한다.

"역사를 잊은 민족에게 미래는 없다"는 문장은 서늘하다. 미래를 담보로 거는 문장 앞에 서면, 누구나 자신을 되돌아보게 된다. 그 자성은 대체로 자아비판과 두려움 끝에 새로운 다짐으로 이어진다. 하지만 이 무시무시한 말을 들었다고 해서 갑자기 민족의 역사에 관심이 생기기란 쉽지 않은 일이다. 입시, 학원, 질병, 심지어 가족과의 전쟁에서 매일 승전보를 울려야 하는 우리에겐 민족의 미래보다 오늘을 무사히 넘기는 일이 중요하니까.

어느 날, 횡단보도 신호를 기다리는데 커다란 현수막을 건 봉고차가 지나갔다.

"중학교 1학년 수학, 지금 놓치면 기회는 다시 오지 않습니다."

미래를 담보 한 문장들은 도처에서 당장의 숨을 조여온다.

그럼에도 지나 씨는 민족의 역사에 주목해보라고 권한다. 민족의 미래가 아니라, 각자의 생활을 위해서 말이다.

교환학생 시절 만났던 프랑스 친구 하나가 떠오른다. 그때 나는 미디어아트를 공부한답시고 유럽에 있었다. 그녀는 내게 프랑스 예술사를 자주 이야기했고, 내가 한국영화를 설명하면 "그것참, 프랑스 스타일이네"라고 말하곤 했다. 나는 그녀를 그리 좋아하지는 않았지만 그녀에게서 묻어나는 뭔지 모를 여유로움은 부럽기도 했다. 그리고 그 여유로움의 뿌리에는 프랑스에 대한 자부심이 있었을 거라고 조심스레 예측해본다. 오랜 세월 다져진 집단의 경험은 지금 우리에게도 스며들어 있다. 참 신기한 일이다.

지나 씨는 독일에서 고고학을 공부한다. 독일은 부끄러운 역사가 있는 상징적인 국가이지만, 그들은 그 진실을 곱씹고 반성하고 탐구한다. 아주 어릴 때부터 자신들의 부끄러운 진실을 마주하도록 배운다. 그 고통의 대가로 그들은 고귀한 죄책감과 더 나은 미래를 만들어야 한다는 순수한 책임감을 얻었다. 사람들은 그런 독일을 인정하고 다시금 독일로 모여든다. 그녀는 독일에서 사람들을 모이게 만드는 역사의 힘을 매일 목격한다고 했다. 다시 말해, 진실이 사람들을 모여들게 한다는 것이다. 광주의 진실도 사람들을 모여들게 할 거라고, 언젠가 우리에게 더 큰 결실을 거두게 할 거라고, 지나 씨는 말했다.

지나 씨는 한국에서 고고학을 공부하다가 독일로 유학을 왔다고 들었어요. 고고학은 역사학 중에서도 구체적으로 어떤 분야죠?

——— 한마디로, 유물을 연구하는 겁니다. 선사시대를 연구한다는 고정관념이 있는데요. 역사학과는 문서를 위주로 본다면, 고고학은 유물을 통해서 사실을 파악합니다. 조선시대라고 한다면, 조선시대의 유물을 가지고 문화를 파악하는 거예요. 문헌은 거짓말을 할 수도 있지만 유물은 거짓말을 하지 않는다고 믿는 사람들의 학문이랄까요.

오, 그럼 증거를 찾는 일이군요. 과학수사 같은 느낌이에요, 하하.

———— 네, 하하. 고고학의 한 분류로 인골학이라고 있어요. 제가 한국에서 공부할 때 제일 재밌었던 게 인골학입니다. 신라시대에 살았던 사람들의 뼈도 있고, 6·25전쟁 때 죽은 사람들의 뼈도 있죠. 그 뼈를 통해서 어떤 질병, 어떤 사고가 있었는지 알 수 있는 거예요. 또 어떤 생활을 했는지, 어떤 습관이 있었는지도 알 수 있어요.

듣기만 해도 정말 재밌을 것 같아요. 중요한 현대사와 관련해서 자주 쓰는 '진상규명'이란 단어도 결국 지나 씨가 연구하는 것과 같은 맥락일 것 같아요. 어떻게 생각해요?

———— 역사는 있는 그대로 발굴해야만 의미가 있습니다. 정치적이든 뭐든 간에 '있는 그대로 알리는 게' 중요해요. 역사를 숨기지 않는 게 제일 중요하죠. 어떤 일이 있었는지 명확히 짚어내야 다시는 실수를 반복하지 않을 수 있잖아요.

역사 공부를 해오면서 이런 주제에 대해 생각해볼 기회가 많았겠어요.

———— 고등학교 때는 수능이 A/B로 나뉘던 시기였어요. 그때 공부해야 하는 현대사 비중이 줄었는데요. 그래서인지 친구들은 현대사에 대해 잘 모르는 편이에요.

잘 모른다는 건 어느 정도를 말하는 건가요?

———— 이게, 국사책이 있으면 이걸 한 학기 동안 배울 때 앞부분 내용은 정말 자세하게 배워요. 조선시대까지 정말 잘 배울 수 있어요. 그에 비해 조선 후기부터 현대사까지는 비중이 적은 편이었어요. 시간에 쫓기다 보니까 현대사 부분은 심도 있게 배우기도 힘들었죠. 커리큘럼에 대한 아쉬움이 많이 있어요.

역사학을 공부하는 사람으로서 책임감도 많이 느끼겠어요.

———— 한국이 지금보다는 역사를 더 중요하게 생각했으면 좋겠다는 생각을 해요. 한국의 교육에서 제일 중요한 과목은 영어나 수학이잖아요.

독일에서 이런 이야기를 들으니까 씁쓸하네요.

———— 그래도 이제 한국사가 절대평가 항목으로 수능 필수과목이 되었다는 이야기를 들었어요. 좋은 소식이죠. 그런데 또 아쉬움도 들어요. 문제가 너무 쉽게 나오면 외워야 되는 것만 외우고, 시험이 끝나면 잊어버리기 쉬우니까요.

그렇군요. 고고학자로서 진상규명이 더 필요한 역사적 사건들에 대해서는 어떻게 생각해요?

———— 사실, 한국 사회에서 역사를 어떻게 바라보느냐가 중요하다고 생각합니다. 한국에 테마파크가 생겼는데, 공사 현장에서 청동기 유물이 역대급으로 많이 발굴되었다는 말을 들었어요. 그런데 발굴 작업을 하나하나 하기에는 시간이 오래 걸리니까 그냥 테마파크를 세우기로 했다고 하더라고요. 아무래도 제가 독일에 있다 보니까 '만약 독일이었으면 어땠을까?' 하는 궁금증이 들었어요. 다음 세대가 변하기를 기대한다면, 한국 사회도 기성세대부터 생각을 바꿔나갔으면 좋겠어요.

경제적 기회비용 등을 고려했을 때, 5·18민주화운동을 비롯해서 역사적 증거를 규명하는 일에는 항상 찬반 논란이 있어요. 꼭 필요한 일일까요?

———— 필요하다고 생각해요. 어떤 일은 국가가 먼저 견인했을 때 문화가 바뀌기도 하죠. 역사에 관해서 한국 사회의 패러다임이 바뀌었으면 좋겠어요. 현재는 사회적 관심이 부족한 상황이고 계속 경제적 가치와 견주어 논의가 돼요. 국가에서 역사적 가치의 중요성을 설득하고 견인해주면 자연스럽게 사람들의 관심이 늘어나고, 그 중요성을 알아가기 시작할 거예요.

"이제 와서 왜 광주에 세금을 써?"라는 의견은 있을 수 있잖아요.

———— 그렇죠. 잠깐 일본 이야기를 할게요. 아까 말했던 그 청동기 유물이 만약 일본에서 나왔다면 어땠을까요? 제 개인적인 추측이지만 일본은 테마파크 설립을 취소했을 것 같아요. 일본에서 현장 체험을 할 기회가 많았는데, 일본은 자신들의 역사를 정말 정말 소중히 여겨서 놀랐던 기억이 납니다. 예를 들면, 일본은 토속신앙이 되게 강력하게 자리 잡고 있잖아요. 그래서 기독교를 믿는데도 토속 문

화 역시 지키는 일본인이 많아요. 그건 어떻게 보면 이상한 일이죠. 그런데 가끔 토속 문화와 새로운 문화를 너무 이분법적으로 바라보는 사람들을 볼 때면 안타까울 때가 있어요. 세금과 역사 규명도 같은 맥락이라고 생각해요. 물론 한국에도 역사를 중요하게 다루는 사람도 있지만요.

이분법적 논리의 문제라고 생각할 수도 있겠군요.

——— 솔직히 제가 유학하며 느낀 게 있는데요. 5·18민주화운동만 한 사례를 찾기 힘들다는 거예요. 세계에서 꼽을 만한 역사적 사건이라고 생각해요. 여기서 한 발자국 떨어져서 한국을 보면, 효율성과 자본을 추구하기 위해서 역사를 소홀히 여긴다는 인상을 받아요. 그런데 지금은 역사가 돈이 되는 시대예요. 역사도 충분히 비즈니스가 되는 시대죠. 역사는 고리타분한 것이라는 고정관념이 없어지면 좋겠어요. 하하.

역사도 돈이 되는 시대라는 말은 어디를 예로 들 수 있을까요?

——— 베를린이죠. 베를린은 수용소를 개방하

잖아요. 본인들이 세계사에서 나쁜 일을 했다는 것을 인정하는 건 정말 쉽지 않은 일이에요. 그런데 그게 다 관광 명소가 되었어요.

하지만 독일의 경우, 세계사에서 일어난 비극이잖아요. 하지만 5·18민주화운동은 사실 우리 사회 안에서 일어난 아픔이에요.

———— 베를린과 광주를 비교하는 건 사실 불가능해요. 5·18민주화운동은 아직 많은 시간이 지나지 않았죠. 시간이 지날수록 객관적인 사실들이 계속해서 더 공식화될 거라고 생각해요. 그 과정에서 교육이 굉장히 중요하겠죠. 그 과정에서 정치적인 맥락은 빠져야 한다고 생각해요. 어느 한쪽으로 치우쳤다는 말이 더 이상 안 나왔으면 좋겠다고 할까요. 흔히 말하는 좌파도 우파도 아닌 있는 사실 그대로를 가르쳐야죠. 그 이상도 그 이하도 아니도록이요. 어른들이 생각하는 광주의 이미지랑 젊은 세대가 갖고 있는 이미지에는 꽤 큰 차이가 있다고 생각해요.

5·18민주화운동에겐 몇 년 정도의 시간이 더 필요할까요?

———— 40년은 인간에겐 긴 시간이지만 역사적 관점에선 짧은 시간이죠. 그래서 모든 현대사가 서술하는 데 어려움을 가지고 있어요. 있는 사실 그대로만 써도 다른 주장들이 나오는 사건이 많죠. '서술'이라는 행위에 자기 주관이 안 들어갈 수가 없으니까. 그래서 사실이 밝혀지고 그 사실을 그대로 놔두는 시간이 필요합니다. 아직은 시간이 필요해요.

지나 씨가 베를린에 살고 있으니까 질문하고 싶은 게 있는데요. 제가 프랑크푸르트에서 모로코 친구를 만났는데, 최근 젊은 층에서도 다시 인종차별이 심해졌다고 하더라고요. 하지만 독일은 스스로의 역사를 반성하는, 이민족에게 관대한 나라라는 이미지를 여전히 가져가고 있다고 생각해요. 지나 씨가 느끼기엔 독일 사람들은 스스로의 역사를 어떻게 브랜딩하고 있나요?

———— 모든 나라가 그렇듯, 그렇게 생각하는 사람도 있고 아닌 사람도 있어요. 대부분의 독일 사람은 국가가 잘못했다는 걸 이미 너무 잘 알고 있어요. 그걸 아주 어릴 때부터 배우거든요. 의식적으로 브랜딩할 필요가 없을 만큼 체화한다고 할까요. 우리가 〈독도는 우리땅〉이라는 노래를 어릴 때부터 배우는 것

과 같아요. 그렇게 배워왔기 때문에 스스로 인식하기보다는 그 생각이 배어 있는 거죠. 의도적으로 브랜딩하지 않아도 어릴 때부터 교육받은 대로 모두가 그렇게 생각하고 사람들을 대하는 거예요.

의도적인 브랜딩이 아니라 교육이 중요하다는 거군요. 인상적인 답변이네요.

———— 모든 역사는 관광이라는 산업으로 이어져요. 이건 절대 역사를 나쁘게 이용하는 게 아니에요. 오히려 역사의 가치를 높이고 역사를 더 소중히 대할 수 있는 기회죠. 반성과 규명은 그것대로 진행되어야 하고요. 생각해보세요. 김정일 일가가 살았던 장소가 있는데 그게 좋은 역사가 아니라고 해서 그걸 무너뜨려야 할까요? 그게 좋은 생각일까요? 그걸 개방시키면 사람들이 모이고 수입이 생기겠죠. 역사 유적지는 돈이 안 된다고 생각하는 사람들이 많아요. 그래서 그걸 없애고 중요하지 않게 생각하는 거죠. 그래서 건설 현장에서 유적지가 많이 나오면 그걸 덮고 없애는 거죠.

마지막 질문을 해볼게요. 지나 씨는 앞으로 광주라는 도시가 어떤 이미지면 좋겠어요?

———— 제 생각엔 지금 이미지도 좋은 것 같아요. 지금의 10대나 20대들에겐 민주화운동의 도시라는 이미지가 강하다고 생각해요. 그에 반해서 기성세대의 인식은 다양하죠. 매체가 선전했던 시절이 있었기 때문에, 시대가 바뀌는 게 답이지 않을까 생각해요. 자연스럽게 변할 거라고 믿어요. 진실은 가려지지 않아요. 가려지지 않죠.

3

광주 캘리포니아

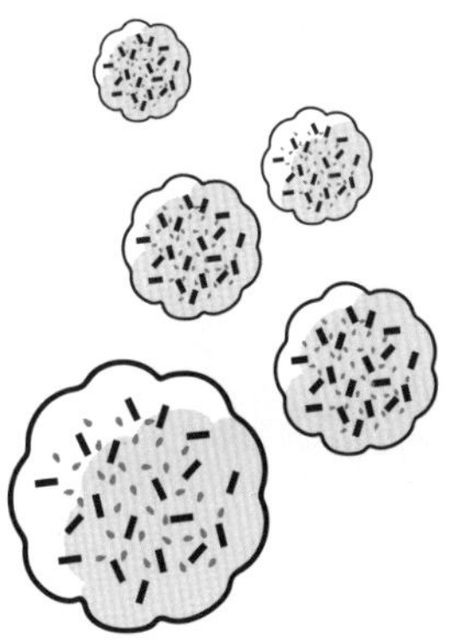

인터뷰
셋

준영

영국에서 도시와 공간을 공부한 도시 연구가. 지금은 서울을 더 나은 도시로 만들기 위해 일하고 있다.

《랜드마크;도시들 경쟁하다》(효형출판, 2014) 에필로그에 랜드마크와 도시의 성공 여부는 단기간의 방문 수치로 판별할 수 없기 때문에 그보다는 랜드마크 주위에서 시민들이 한 번이라도 공유의 장을 체험했는지가 중요하다는 내용이 나온다. 오직 '의미 충만한 현상'이 일어났을 때, 그곳은 공유의 장이 되고 비로소 진정한 랜드마크라고 할 수 있다는 것이다.

말만 많은 사람보다 실천하는 사람이 더 매력 있듯, 도시도 눈에 보이는 매력적인 실체가 있을 때 더 큰 사랑을 받는다. 허공에 맴도는 관념적 가치만으로는 이방인들을 매혹시키기 쉽지 않다. 그래서 랜드마크를 잘만 만들면 죽은 도시도 살아나는 것이다.

랜드마크의 힘을 설명할 때 자주 쓰는 말로 '빌바오 효과'가 있다. 쇠퇴한 스페인의 공업도시 빌바오를 한 해 백만 명이 찾는 관광도시로 만든 것은 다름 아닌 구겐하임미술관이다. 사람들은 그 미술관을 보며 도시 가치와 주거 환경의 지속 가능성에 대해 논하기 시작했다. 단순히 '미술관'이나 '잘 지은 건축물'을 넘어선, 의미의 확장이 이뤄지게 된 것이다. '랜드마크를 통해 형성되는 의미 충만한 현상'의 좋은 사례이다.

그런데 요즘 뜨는 도시들을 보면 꼭 랜드마크가 필요한 건 아니라는 생각이 든다. 포틀랜드나 베를린처럼 시민들이 함께

지향하는 가치만으로도 좋은 브랜드를 갖는 도시가 많아지고 있기 때문이다. 얼마 전, 포틀랜드로 휴가를 가는 내게 아버지는 "뭐 볼 게 있다고 거길 가냐?"라고 물었다. 나는 "사람들 보러 가요"라고 답했다. 본인의 고장을 사랑하는 자유로운 사람들의 표정을 보러 가는 여행. 즉, 사람들 자체가 그 도시의 랜드마크가 된 것이다.

2015년 광주에 국립아시아문화전당이 들어섰다. 보스턴 건축의 거장 우규승 씨가 건축을 맡았고, 부속 시설인 민주평화교육원은 옛 전남도청을 리모델링하여 탄생했다. 하지만 내 주위에서 국립아시아문화전당을 보기 위해 광주에 간다는 친구는 아직 없다. 분명 세상사에 관심 없는 친구들 탓이겠지만 아직 랜드마크로서는 2퍼센트 부족할지도 모른다는 생각을 해본다.

광주는 분명 아름다운 도시다. 이름부터 아름다운 무등산과 5·18이라는 자유와 저항의 역사, 그리고 그 역사를 직접 빚어낸 멋진 사람들이 살고 있는 곳이다. 자신의 도시를 사랑하는 사람들이 가득한 광주에 더 많은 사람들이 찾아가게 할 수는 없을까. 도시 공간을 연구하는 준영 씨와 이야기해봤다.

준영 씨는 서울이라는 도시 공간을 연구하고 있다고 들었어요. 어떻게 그런 일을 하게 되었나요?

———— 한국에서는 원래 건축학을 전공했습니다. 하지만 학년이 올라갈수록 건축보다는 도시에 관심이 갔습니다. 결국 영국으로 가서 도시, 부동산 쪽 공부를 더 했고요. 지금은 서울이라는 도시 공간을 연구하고 있습니다.

우리나라 도시에 관해서 모르는 게 없다고 들었습니다. 우리나라 도시들만의 특징을 설명해줄 수 있을까요?

———— 서울은 크고 복잡해서 이야기가 길어질

수 있으니 지방 도시를 예로 들어볼게요. 지방 광역시 중에 어디어디 가봤나요?

대전, 부산, 광주, 대구에 가봤습니다. 아무래도 부산이 제일 많이 가본 곳이죠.

———— 부산부터 이야길 하면, 부산은 강제적으로 만들어진 도시라고 볼 수 있습니다. 6·25전쟁 때 본격적으로 형성된 도시죠. 그 전엔 그냥 작은 어촌 마을이었어요. 부산을 위성사진으로 보면 산이 정말 많습니다. 아주 작은 부분이 평지인데, 그마저도 고도 차이가 참 심합니다. 그래서 도로 같은 것도 산을 피해서 요리조리 다니게 되어 있습니다. 이런 지형에서는 대도시가 자연적으로 성장하기 힘듭니다. 그런데 일제강점기부터 특수 목적으로 부산항을 개발했고, 그 배후지를 개발하게 됩니다. 그 후 6·25전쟁이 터지면서 어마어마한 인구가 생존을 위해 부산으로 내려왔고, 평소였다면 사람이 살지 않았을 산자락에도 피난민이 천막을 치고 살기 시작하면서 현대 부산의 틀이 잡혔습니다.

초기에는 동래가 중심이었는데 일제강점기에 부

산항 개발을 시작으로 부평동, 보수동 등 배후지가 개발되었습니다. 그 후 기존 도심의 인구가 증가하니 낙동강과 바다로 가로막힌 서쪽 대신 동쪽으로 눈을 돌려 1990년대에 서면, 2000년대에 해운대 지구가 개발되었습니다. 부산의 중심이 서쪽에서 동쪽으로 이동한 거죠. 그런데 아파트라는 건축물은 붕괴시키고 다시 짓는 게 참 힘듭니다. 그러다 보니까 한국의 모든 도시가 대량으로 생산·소비·이주·폐기하는 구조를 가지고 있습니다. 오랜 시간에 걸쳐 점진적으로 개발된 것이 아니라, 6·25전쟁 이후에 압축성장하면서 넓은 면적이 아주 빠르게 개발된 거예요.

이촌향도 현상도 비정상적으로 빨리 일어난 편이죠. 한 번에 도시로 몰려드는 인구를 해결하기 위해서는 아파트가 유행할 수밖에 없었습니다. 그래서 한 번에 많이 짓고, 동시에 노후되는 거죠. 그러다 보니까 낡은 아파트에 살던 사람들이 옮겨 갈 아파트들을 또 한 번에 대규모로 짓게 되고. 이런 구조가 계속 반복될 수밖에 없는 겁니다. 서울뿐만 아니라 모든 지방에서 말입니다. 그런데 도시마다 살짝 차이가 나는 건 지형 때문입니다. 부산은 산과 물줄기를 피해서 옮겨 다녀야 했지요.

대한민국의 도시는 압축성장으로 표준화되었지만 차이점이 생기는 부분은 지형 때문이군요. 그렇다면 광주는 어떤 도시인가요?

——— 광주에서는 광주역과 국립아시아문화전당이 위치한 도시의 동남쪽에서 도심이 형성되기 시작했습니다. 그런데 광주의 동쪽은 무등산으로 가로막혀 있죠. 따라서 광주의 개발은 막혀 있는 동쪽을 피해 서쪽으로 진행되었습니다.

광주의 구도심이 포화되자 현재 광주시청이 있는 상무 지구가 개발됩니다. 그 당시 여유 있던 중산층 이상의 가구는 거주 환경이 우수했던 상무 지구로 이사를 갔겠죠? 그리고 시간이 지나면서 구도심은 낙후됩니다. 상무 지구로 이동한 사람들은 구도심을 굳이 방문할 필요 없이 그곳에 병원, 학원, 상가 등 생활 인프라를 만들기 시작했어요. 동쪽의 구도심과 서쪽의 상무 지구 간의 격차는 계속해서 벌어지고, 동시에 시민들이 구도심을 찾아갈 이유가 줄어드는 겁니다.

이런 현상은 서울과 수도권에서도 쉽게 찾아볼 수 있습니다. 1990년대에 개발된 1기 신도시(일산, 분당 등)가 십 년이 지나 포화 상태에 이르고 아파트가 노후되자 2기 신도시를 그 부근에 다시 조성하여 옮겨가고 있습니다. 광주도 마찬가지죠. 상무 지구도 조성된 지 이십 년이 지나면서 다시 사람들이 빈 땅을 찾아가는 겁니다. 그럼 동쪽은 노후한 구도심과 무등산이 가로막고 있는데 어디로 가겠어요? 다시 서쪽으로 가는 겁니다. 그곳에 또 새 아파트를 짓고 이동을 합니다. 이렇게 해서 2000년대에 수완 지구가 만들어집니다.

그런데 여기서 중요한 건 광주의 특별한 콘텐츠들은 모두 동남쪽인 구도심에 있다는 겁니다. 국립아시아문화전당, 선교사 사택, 동명동 카페거리, 양림동 펭귄마을 등은 도시의 동남쪽 구도심에 있죠. 때문에 광주는 내부 수요가 부족한 상황입니다. 굳이 서쪽 끝의 수완 지구 사람들이 동남쪽에 갈 이유가 없으니까요. 외지에서 손님이 온 날에나 이런 델 데려가는 거죠. 이렇게 되면 상권의 성숙과 확장에 근본적인 한계가 생깁니다.

서울의 문래동이 이와 비슷한 상황이죠. 콘텐츠는 있는데 방문객 수가 부족한 겁니다. 차라리 이런 구도심의 콘텐츠가 수완 지구와 상무 지구 사이에 있었다면 더 상업화되고 사람들도 더 많이 방문할 텐데 말이죠.

지리 문화적으로 이런 구조가 있는 줄은 전혀 몰랐습니다. 그럼 이걸 극복할 수 있는 방법은 없는 걸까요?

———— 이건 구조적인 문제라서 어렵긴 합니다.

그런데 결국 그다음에 또 개발하게 된다면, 더 이상 서쪽에 갈 곳이 없으니 다시 동쪽으로 돌아가게 되지 않을까요?

———— 그럴 수 있습니다. 다만 동쪽으로 돌아가려면 기존의 도시 구조를 재개발해야 하기 때문에 큰 비용이 발생할 것이고, 그 비용을 상쇄할 만큼의 '모멘텀'이 생성된다는 전제하에서 가능할 겁니다. 외부 투자를 유치할 만한 경제적인 충격이 가해져야 합니다. 그래야 이동이 불가피하게 일어납니다. 그런 달성하기 힘든 구조적 전제 조건이 있다는 건 알아둬야겠죠.

'충격이 가해져야 한다'는 말을 들으니 생각나는 게 있어요. 제가 예전에 홍은동에 살 때는 홍은동에 대해 아무도 몰랐는데요. 예전에 문재인 대통령이 산다는 뉴스가 나가고는, 홍은동 하면 다들 대통령 사는 동네라고 인식하더라고요.

———— 맞습니다. 아니면 인기 있는 광주 출신 연예인이 계속 나오고, 예능프로그램에서 광주를 깊게 다루거나 하는 것처럼 작은 충격도 있을 수 있겠죠.

확실히 미디어의 역할이 중요하네요.

———— 네. 광주를 배경으로 한 드라마가 중국에서 크게 히트를 친 뒤에 촬영지를 구경하러 중국인 관광객이 광주로 몰려오는 상황을 상상해보세요.

그런데 준영 씨의 말을 서울에 적용해보면요. 익선동 같은 지역은 서울에서 구도심에 속했지만, 시민들이 거기서 새로운 문화를 만들고 취향을 만들면서 젊은이들이 다시 찾아오게 됐잖아요. 그럼 광주도 주민들이 지역에 활기를 불어넣을 수 있지 않을까요? 제주도도 사실 젊은 사람들이 내려가서 자체적으로 이미지를 바꿔나간 것처럼요.

———— 톱다운(Top-down)에서 바텀업(Bottom-up) 방식으로 도시가 진화되고 있는 게 사실입니다. 제주도청이나 제주시청이 그걸 해냈겠습니까? 사람들의 자연스러운 욕구가 도시를 바꾸어나가는 거죠. 하지

만 아무리 제주도여도 모든 곳이 다 잘되는 건 아닙니다. 잘 생각해보면 몇몇 명소만 한정적으로 관광객이 방문하죠. 그 명소들이 어떻게 유지되는지 분석해보면, 결국 원점으로 돌아와서 지형에 따른 도시 성장 구조를 기반으로 다다른 결과라는 것을 이해할 수 있습니다. 오늘날 일부 신규 상권의 성공은 도시 구조의 결과물이지, 도시 구조를 바꾸는 역할을 하기엔 부족하다는 겁니다. 원인과 결과를 잘 생각해야 하죠.

서울을 예로 들면, 아까 말한 문래창작촌은 2000년대 후반에 가로수길과 동시에 유명해진 명소입니다. 맛집과 예쁜 인테리어 가게가 많이 생겨났죠. 하지만 오늘날 가로수길은 땅값이 몇 배나 뛰며 전 국민이 아는 명소로 성장한 반면, 문래창작촌은 형성 당시에만 잠깐 언급되다가 요즘은 핫플레이스 목록에서도 아예 사라지다시피 되었습니다. 이 차이를 설명하는 것이 광주가 현재 처한 현실을 적용하는 데 도움이 될 것 같습니다.

가로수길은 도시 구조적으로 우선 거주 지역인 압구정동, 잠원동에서 가까이 위치하기 때문에 기본적인 방문 수요가 보장됩니다. 그리고 분당, 용인, 수

원 등 경기 남부 거주자들이 경부고속도로와 강남대로를 따라 접근하기가 아주 편합니다. 지하철 3호선을 타고 강북에서도 무리 없이 방문할 수 있죠. 인근 거주자들로부터의 내부 수요뿐만 아니라 강북, 경기 남부 등 외부 방문 수요 또한 넘쳐납니다. 하지만 문래창작촌의 경우, 주변 거주 인구수가 적어 내부 수요가 부족하죠. 그러다 보니 성장에 한계가 있어 외부 수요가 꾸준히 지속되지도 못했습니다. 한번 재미 삼아 가보고 마는 곳이 되어버렸죠.

익선동을 언급하셨는데, 익선동의 경우 거주인구가 많지는 않아도 종로, 을지로 업무지구 근로자라는 기본 수요가 존재하고, 도심 관광지를 방문한 관광객들을 외부 수요로 흡수할 수 있다는 배경이 오늘날의 성공을 뒷받침하고 있습니다. 내부 수요 없이 외부 방문 수요에만 의지하다가 쇠퇴 중인 북촌 상권과 비교해보면 유지·성공하는 상권과 그러지 못한 상권의 차이를 이해하는 데 도움이 될 겁니다.

광주 주민들이 스스로 활기를 불어넣을 수는 없느냐는 질문에 대한 서론이 너무 길어졌네요. 동명동 카페거리 같은 콘텐츠가 있긴 하나, 앞서 말한 내부 수요와 외부 수요 면에서 살펴보면 동명동의 한계는 명확합니다. 도시 인프라도 도움이 안 되고요.

수완 지구에서 동명동까지 가는 덴 얼마나 걸리죠?

———— 자동차로 40분 정도 걸립니다. 지하철도 참 불편합니다. 도시가 있으면 아래로 살짝 지하철이 걸린 구조입니다. 광주의 핵심 거주지에서 구도심을 방문할 이유가 또 하나 줄어들었네요.

지형으로 인한 도시 성장 구조 때문에 오늘날 구도심을 방문하려는 광주의 내부 수요가 부족하다는 건 이해했습니다. 그런데 광주 구도심에는 사실 충분한 콘텐츠가 있음에도 외부 수요는 왜 적을까요? 역사적·교육적 방문 가치도 충분하다는 생각이 드는데요.

———— 실체가 없는 것이 문제라고 생각합니다. 5·18민주화운동 같은 역사적 콘텐츠가 있긴 하지만 아직 무형의 콘텐츠에 가깝다고 볼 수 있죠. 전주 같은 경우에는 한옥 마을이라는 뚜렷한 유형의 콘텐츠가 있잖아요. 그런 실체가 필요합니다.

물리적인 실체를 말하는 거군요?

———— 사실 도시의 브랜드라는 것은 아주 단순한 요소로 이뤄집니다. 부산의 해운대처럼 단순하고 뇌리에 남는 걸로 이뤄지죠. 광주는 '5·18민주화운동'이나 '예술의 도시'로 많이 이야기하지만 해운대처럼 단순하고 눈에 보이는 것이 없습니다. 그래서 국립아시아문화전당 같은 경우는 정말 좋은 시도라고 생각합니다. 전남도청을 그대로 살렸으니까요. 아, 여기가 5·18민주화운동과 관련된 건축물이구나 하고 가게 되는 거죠.

국립아시아문화전당에서 유명한 공연이나 전시를 하게 되면 더 홍보 효과가 있을 것 같아요. 그러려면 또 돈이 있어야 하겠지만요.

———— 네. 유명한 전시라고 하면, 서울에서는 예술의전당이나 국립현대미술관을 떠올리잖아요. 그런 포지션을 가져가면 좋겠죠. 광주를 브랜딩하기 위한 콘셉트를 명확히 정하고, 그와 관련된 전시나 이벤트를 국립아시아문화전당에서 지속적으로 할 수 있다면 틀림없이 효과가 있겠죠.

5·18민주화운동의 역사적 맥락과 닿아 있되, 오직 추모만을 목적으로 하는 콘텐츠보다는 문화적으로 확장시킨 콘텐츠가 필요할 것 같아요. 평화에 관한 노래를 함께 부르면 평화 메시지를 공유하게 되는 것처럼요. 예를 들어 만약 광주에서 영화제가 열린다면, 독립영화제여야 할 것 같아요. 독립, 자유, 저항 정신의 연장선에서요.

———— 네. 랜드마크나 도시의 실체를 기획할 때도 '추모공원'처럼 역사적 사실에 기반한 것에서 나아가 역사의 가치를 확장하고 재생산하는 게 필요합니다. 5·18민주화운동도 더 큰 가치로 계승해야지, 계속 현장 사진만을 보여주는 것은 한계가 있겠죠.

역사의 사실주의적 복기에 그치지 않고 가치를 현대적으로 재해석하는 작업에 대한 동의가 먼저 필요하겠네요.

———— 지금 국립아시아문화전당도 아쉬운 점이 있어요. 너무 많은 걸 담으려고 하지 않았나 하는 생각이 듭니다. 물론 광주 시민들은 어떻게 5·18민주화운동이라는 중대한 역사를 단순하게 표현할 수 있냐고 반문할 수 있겠죠. 그럼에도 그런 시도를 해나가야 한다고 생각합니다. 5·18민주화운동이라는 역

사의 정신을 사람들이 더 부담 없이 받아들일 수 있도록 정교한 디자인과 기획이 필요합니다.

광주가 옛날에는 곡창지대이고 먹고살 걱정이 없어서 오히려 더 여유로웠다고 알고 있습니다. 그래서 예술이 발전할 수 있었고요. '광주 비엔날레'도 그런 맥락에서 광주에서 열리는 거죠. 서편제나 공예품 등 무형문화재 부문에서 전라도가 차지하는 비중이 큽니다. 그런 역사적 뿌리가 있기 때문에 비엔날레 개최가 가능한 건데요. 자유의 정신과 예술도 맞닿아 있다고 생각합니다. 5·18민주화운동 말고도 이런 활용 가능한 자산이 많은 도시인데, 광주는 항상 자신의 강점을 충분히 활용하지 못한다는 느낌이에요. 5·18민주화운동을 너무 정치적인 의미로 박제시키는 게 아니라 다양한 의미로 승화시키려는 노력이 필요하다고 생각해요.

다시 건축에 대한 이야기로 돌아와서, 유럽은 오래된 건물을 유지하고 리모델링하는 게 굉장히 흔한데요. 우리나라는 그런 경우가 많이 없는 것 같아요.

——— 대학교 2학년 때 들었던 수업에서 교수

님이 이런 말을 했어요.《론리플래닛》이라는 여행 잡지를 보면, 중국이나 일본은 자금성, 사원, 후지산 같은 랜드마크의 사진이 표지로 되어 있는데 한국 표지에는 서울의 뒷골목 풍경이 있다고요. 외국인들이 봤을 때는 우리나라의 뒷골목 문화가 인상 깊었던 모양이에요. 정말 빠르게 바뀌는 골목 문화 말입니다. 상점도 건물도 빨리빨리 바뀌잖아요. 우리나라 사람들은 유럽과 비교하면서 한국 도시의 모습을 부정적으로 보는 경향이 있어요. 하지만 저는 그게 진짜 한국 도시의 정체성이자 경쟁력이라고 봅니다.

유럽은 상황이 다릅니다. 그들은 오랜 기간 정교하게 기획해온 건물들을 쓰고 있고, 그게 경쟁력입니다. 그들은 제국주의 이후에 석조로 건물을 짓기 시작했습니다. 문화재의 역사로 따지면 그렇게 길진 않습니다. 그런데도 유럽이 보존의 대명사로 되어 있어요. 전 세계의 부가 유럽으로 몰릴 때 만든 건축물들이기 때문에 보존할 가치가 있는 겁니다.

그런데 60~70년대 한국의 건물들은 비바람을 피하려고 지은 겁니다. 생존하려고 지은 거죠. 그래서 보존학회에서도 늘 고민이 많습니다. 과연 이 건물이 보존의 가치가 있는가? 보존한다면 무엇을 살리고 무엇을 부술 것인가?

정말 그렇네요. 저도 프랑스에서 공부할 때 알았던 친구의 말이 기억나요. "우리나라에는 과거밖에 없어. 난 여기서 이렇게 미래 없이 살고 싶지 않아"라고 했는데요. 준영 씨 말대로 '다이내믹 코리아'가 우리의 아이덴티티일 수 있겠어요. 정신없고 정의할 수 없는 도시. 외국에서는 서울을 사이버펑크 이미지로 공유하기도 하더라고요. 그럼 광주에서는 앞으로 건축이나 도시 공간과 관련해서 어떤 시도를 할 수 있을까요?

———— 저는 우리가 계속 이야기한 구도심이 전남대와 조선대랑 가깝다는 점에서 희망이 있다고 봅니다. 광주의 대표적인 대학들이죠. 대학은 자유의 상징이잖아요. 젊은 친구들이 구도심과 가까이에 있으니, 구도심에 자유로운 창업 공간을 만들면 좋을 것 같습니다.

구도심이 상무 지구나 수완 지구로부터 멀리 떨어져 있어 상주 인구가 많은 편은 아니지만, 수만 명의 재학생을 가진 캠퍼스라도 가까이 있으니 이런 도시 자산을 적극적으로 연계 활용해야 합니다. 국립아시아문화전당, 동명동 카페거리 등으로 피운 불꽃을 잘 키워나가야 합니다.

좋은 아이디어네요. 5·18민주화운동에서 창업까지 이야기를 확장해가다 보니까 갑자기 그런 생각이 듭니다. 우리는 미국의 캘리포니아 하면 자유의 도시라고 생각하잖아요. 거기에 자유의 여신상이 있는 것도 아닌데 그 도시가 추구하는 가치를 떠올리는 거죠. 그렇다면 우리나라가 만약 연방제 국가였다면 광주는 캘리포니아처럼 자유의 상징이 되는 도시가 되어야 하는 게 아닐까요? 5·18민주화운동의 정신은 곧 자유로운 의견 표출과 시민의식이니까요. 그 정신이 계승되면서 '자유'라는 가치로까지 확장될 수 있다는 생각이 드네요.

———— 정말 공감이 많이 됩니다. 역사와 도시를 결부시킬 때 우리는 그 역사에 매몰되지 않기 위해 노력해야 합니다. 5·18민주화운동 자체만 놓고 보면 당시로선 대단히 진보적이고 자유를 쟁취하기 위한 움직임이었으나, 오늘날 광주가 5·18민주화운동을 인식하는 방법이나 그러한 인식을 주변에 알리는 방식은 상당히 경직된 태도를 취하고 있습니다. 자유 정신을 표출한 5·18민주화운동이 오늘날 광주에서는 오히려 비자유적으로 소모되고 있는 모습이 아쉽

습니다.

뉴욕에 갔을 때 9·11테러가 일어났던 곳에 있는 '그라운드 제로'가 굉장히 인상 깊었어요. 그곳은 추모의 장이기도 하지만 강렬한 랜드마크이기도 하죠. 광주도 희생했던 역사에서 계승할 만한 가치를 발견하고 그 가치가 도시를 상징할 수 있는 단계까지 가면 좋겠네요.

———— 캘리포니아처럼 '우리는 자유를 추구했고 계속 자유를 위해 살 것이다'라는 정신이 도시에 넘친다면 좋겠죠. 이런 자유정신에 한국 특유의 다이내믹함이 섞인다면 얼마나 파격적인 파급 효과를 가져올지 상상이 안 됩니다. 언젠가 한국에서도 동성애 등 민감한 주제가 보편화된다면, 가장 먼저 광주에서 그 정신이 꽃피우면 좋겠다는 생각을 감히 해봅니다. 물론 광주 시민들이 스스로 인정하는 가치여야 하죠. 이방인으로서의 바람일 뿐입니다.

거울아, 거울아, 나 제대로 사는 거 맞니?

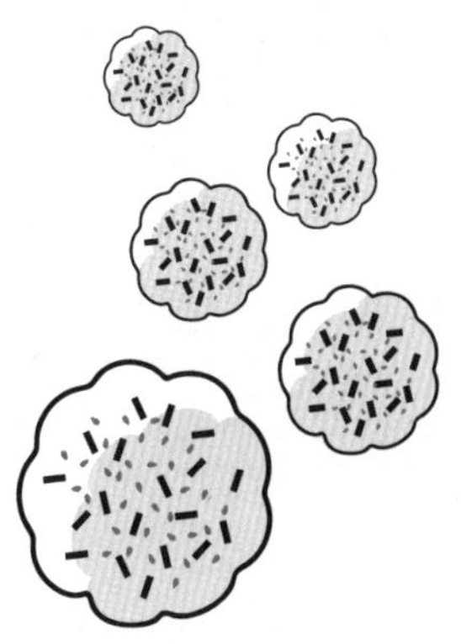

인터뷰 넷

구글전

**서울말이 더 편한 서울살이 7년 차 광주 청년.
여동생, 고양이 두 마리와 함께 살며
IT회사에서 일하고 있다.**

버스를 기다리고 있는데 한 초등학생이 또래가 진행하는 유튜브를 보고 있다. 바쁘게 댓글을 다는 작은 손을 보고 있자니, "요즘 애들은 달라"라는 말이 절로 나온다. 소위 꼰대들이 어린 세대를 비아냥대려고 쓰는 말 같지만 여기엔 적잖은 희망이 담겨 있다. 다음 세대는 지금과 다르길 바라는 기대는 물론이고, 어쩌면 부러움도 들어 있을 것이다.

아무리 거대한 산도 시간 앞에서는 변하고 만다. 돌멩이 하나라도 덜어내면서 모습을 바꾼다. 시간이 흘러도 변하지 않는 건 죽은 것들뿐이다. 우리 사회도 마찬가지다. 모든 세대가 같은 생각을 하거나 기성세대의 생각이 계속 대물림만 된다면, 그건 사회의 수명이 다했다는 의미일 것이다. 그런 의미에서 우리 사회는 아주아주 건강한지도 모른다. 세대 차이에 꽤나 고통받고 있으니 말이다.

구글전 씨는 광주가 고향이지만 서울에 정착했다. 막상 서울에서 살아보니 요즘 애들답지 않은 요즘 애들도 많았다고 한다. 그래도 구글전 씨는 낙관적이다. 의견이 다른 것도 생각이 다른 것도 모두 건강한 거라고, 그는 말했다.

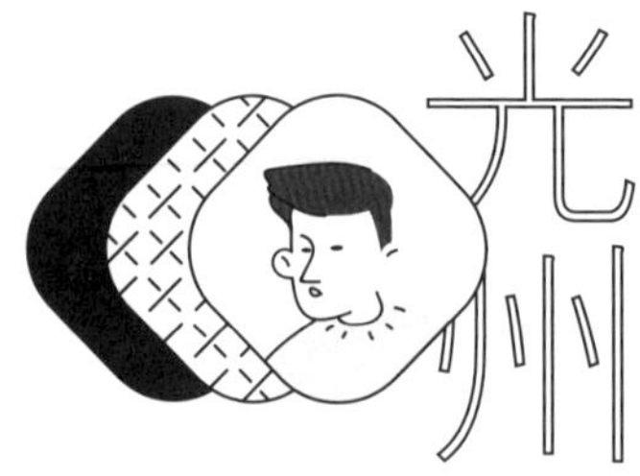

구글전 씨는 광주 혹은 전라도 출신이라는 이유로 들어본 말이 있나요?

———— 서울에 있는 대학을 다녔어요. 광주 출신이라고 하면 제일 먼저 "사투리 안 쓰네?" 하고 신기해하죠. 출신에 관련한 농담도 많이 들었어요. 어디서 전라디언 냄새 나지 않냐고 묻던 친구도 기억나요. 아, 그리고 신입생 때 친구들이 "오늘 술 마시러 어디 갈까?" 이야기하고 있기에 "나도 갈래!"라고 말했는데, 한 친구의 답변이 참 인상 깊었어요.

"미안한데 오늘은 TK모임이어서 넌 안 돼."

요즘에도 그런 모임이 있나요? 그래도 회사를 다닌 후로 고향과 관련된 농담을 들을 일은 없었을 것 같아요.

———— 다행히 한 번도 없어요. 그런데 어른들 세대에게는 광주 사람에 대한 특정한 이미지가 있을 수 있다고 생각해요. "광주 사람들이 뒤통수를 잘 친다" "광주 사람은 억척스럽다" 같은 것들 말이에요. 어디든지 지역 사람에 대한 이미지가 있겠죠. 꼭 광주만이 아니라요.

그렇다면 광주는 구글전 씨에게 어떤 이미지의 도시인가요?

———— 레트로한 감성의 도시라는 생각이 가장 먼저 떠올라요. 오래된 상가들과 구시가지가 떠오르죠. 비슷한 기능성 스포츠웨어를 입고 있는 광주 어르신들도 떠올라요. 외부에서는 특별한 이미지를 가질 수도 있지만, 저에게는 일상적인 도시죠.

타지인에게 광주는 어떤 이미지라고 생각해요?

———— 다른 지역 사람들에게 광주는 그렇게 매력 있거나 여행하고 싶은 도시는 아니라고 생각해요.

옆 팀 선배가 광주 여행을 간다고 관광지를 추천해달라고 한 적이 있어요. 저는 5·18 묘지 정도밖에 떠오르지 않더라고요. 담양 같은 관광지를 가지, 왜 광주를 올까 의아했어요. 그런데 그 선배가 광주 펭귄마을, 광주 양떼목장, 광주 사직타워, 광주 송정시장을 줄줄이 이야기하면서 갈 곳이 너무 많다는 거예요. 광주에 펭귄마을이랑 양떼목장이 있다는 걸 저는 그때 처음 알았는데 말이에요.

광주에서 자란 밀레니얼 세대에게 '5·18민주화운동'이라는 역사는 어떤 의미일지 궁금해요.

———— 솔직히 무섭다는 느낌이 가장 먼저 들어요. 학교에 다닐 때, 매년 5·18 민주화운동기록관 같은 곳에 견학을 갔어요. 거기서 봤던 것들과 미디어에서 본 5·18 콘텐츠들 때문인지 공포감이 있어요. 사람들이 맞아 죽거나 절규하는 이미지가 제일 강렬한 것 같아요.

맞아요. 생각해보면 그런 이미지를 학교에서도 많이 보여줬죠.

제가 학생일 때는 교과서에서 사건이 서술될 때도 '폭압-받다' '탄압-받다'처럼 수동형 문장이 더 많았던 것 같은 생각도 드네요. 지금은 달라졌을 수도 있겠지만요.

———— 맞아요. 광주가 고향인 사람으로서 5·18이 네거티브하고 어두운 이미지로만 소비되지 않았으면 해요. 폭압당했다는 '수동적'인 해석 말고 시민 중심의 운동이었다는 '능동적'인 해석도 필요한 시점이라는 생각이 있어요.

그럼 광주 사람으로서, 5·18민주화운동에 대한 자부심 같은 것도 있을까요?

———— 자부심은 솔직히 잘 모르겠어요. 자부심을 느끼기에 저는 아무래도 먼 세대죠. 물론, 그런 건 있어요. 저희 아버지나 아버지 친구분들, 같은 교회에 다니는 분들을 보면 지금도 사회운동에 꾸준히 참여하는 사람이 많아요. 사회운동이란 게 거대한 걸 말하는 건 아니에요. 제가 생각하는 광주는 사회에 목소리를 내고 정치적으로 참여하는 분이 많은 도시인 것 같아요. 그런 점에서는 자부심을 느끼죠.

그럼 구글전 씨 개인에게 5·18민주화운동은 어떤 의미인가요?

———— 대학 시절에 전남 출신들만 지내는 기숙사에 살았어요. 매년 5월 18일이 되면 기숙사 일 층에 분향소가 마련되었어요. 저에게 5·18민주화운동은 사회 문제에 대해 아무것도 하고 있지 않거나 아무것도 할 수 없는 상황에 대한 부채감을 상기시키는 존재예요. 선배 중에 5·18민주화운동 때 아무것도 하지 못한 자신이 부끄러워서 스스로 목숨을 끊은 열사가 있어요. 우리가 살아가다 보면, 분명히 회피할 수 있는 상황에도 굳이 위험을 무릅쓰고 목소리를 내는 사람들이 있잖아요. 5·18민주화운동은 부조리를 인식할 수 있고 깨어 있는 게 얼마나 중요한지 보여주는 역사예요. 저에게는.

구글전 씨에게는 5·18민주화운동이 일종의 거울 같은 거군요.

———— 맞아요. 거울 같은 거죠. 계속 나를 돌아보게 하는. 하하.

대학 시절에 다큐멘터리 PD가 꿈이었다고 들었어요. 만약에 구

글전 씨에게 광주에 대한 다큐멘터리를 만들 기회가 주어진다면, 어떻게 만들어보고 싶어요?

———— 이미 광주나 5·18민주화운동은 다양한 콘텐츠에서 많이 다뤄진 것 같아요. 하지만 세대 간의 생각 차이에 대한 콘텐츠는 없었던 것 같아요. 제가 영화를 엄청 좋아하는데요. 영화 소모임을 만들어 활동할 정도로요. 최근에 〈엘리자의 내일〉(2016)이라는 루마니아 영화를 봤어요. 젊은 시절에 루마니아의 민주화 운동에 동참했던 남자가 아버지가 되어서 딸의 유학을 위해 부정을 저지르게 되는 이야기예요. 표면적으로는 민주화가 이뤄졌고, 그걸 위해 많은 희생이 뒤따랐음에도 여전히 부정부패와 편법이 난무하는 모습이 우리 사회랑 비슷하다고 생각했어요. 광주의 역사를 몸소 체험했던 아버지 세대와 그 결과 속에서 20대를 보내고 있는 젊은 세대들의 의견 차이를 보여주는 콘텐츠를 만들면 재밌을 것 같아요. 지금까지는 없었잖아요.

5

광주 사람이랑 결혼하지 말라고?

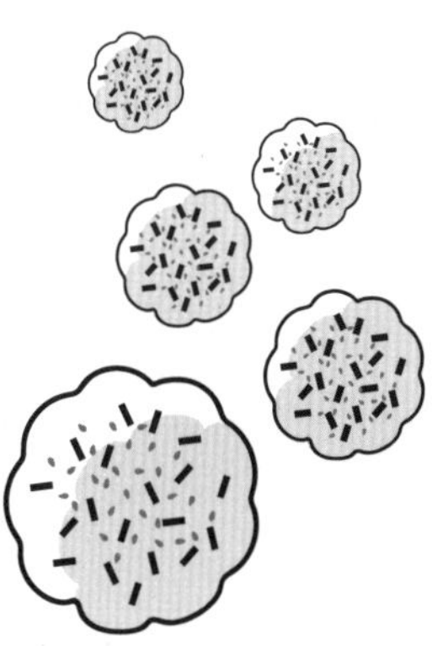

인터뷰 다섯

PSK

어느덧 서울살이 11년 차.
광고 회사에서 일하며 급격히 건강을 잃는 중이다.
사실은 산책을 좋아한다.

마음에 묻어놓은 이야기에서는 텁텁한 먼지 맛이 난다. 그리고 인생에서는 몇 번쯤 그 먼지 덩어리를 입 밖으로 쏟아내지 않으면 안 될 때가 찾아온다. 이때, 이야기를 터뜨리는 행위는 생존의 문제와 같다. 누군가에게라도 털어놓지 않으면 내 존재가 먼지가 돼버릴지도 모른다는 두려움이 들 때 우리는 해묵은 이야기를 꺼내놓는다. 그 이야기를 듣고 운 좋게도 상대방이 고개를 끄덕여준다면 우리는 또 한 번 숨을 이어간다.

폴란드의 아티스트 크시슈토프 보디치코의 작품들은 수많은 사람의 마음에서 건져 올린 먼지덩이로 만들어졌다. 가정폭력 생존 여성, 독일의 난민, 참전 미군, 노숙자 등 다양한 사람들의 트라우마와 기억, 하소연, 응어리를 세계 곳곳의 랜드마크를 스크린 삼아 보여주는 작품들이다. 그중 히로시마평화기념관 원폭 돔에서 열린 〈히로시마 프로젝션〉(1999)은 히로시마 원자폭탄 투하를 목격한 15명의 트라우마를 담고 있다.

그중 한 젊은 여자의 목소리를 기억한다. 그녀는 세계대전의 아픔을 직접 경험한 노인도 아니었고, 원폭의 상처를 몸으로 감내한 환자도 아니었다. 다만 히로시마에서 나고 자란 젊은 여자였다. 그녀가 결혼까지 생각했던 남자의 가족은 그녀가 히로시마 사람이라는 이유만으로 "히로시마에서 자란 애인데 결혼해도 되는 거 맞냐" "나중에 아기 낳으면 문제 생기는 거 아니냐"와 같은 말을 했다고 한다.

그녀가 가슴속에 묻어두었던 먼지 덩어리는 그렇게 세상에 나왔다. 이로써 우리는 원폭의 문제가 외교적, 역사적 상처를 넘어 개인의 아주 사적인 영역까지 침투했음을 알게 되었다. 이 이야기를 쏟아내고 나서 그녀는 다시 사랑을 할 힘을 얻었을 것이다.

PSK와의 인터뷰에서 〈히로시마 프로젝션〉의 '그녀'를 떠올렸다. '원폭' '히로시마'가 그녀를 규정지었듯이 누군가에겐 '성별'이, 누군가에겐 '학벌'과 '출신' 혹은 '소득'이 그들을 규정짓는 무언가가 되었을 것이다. 그리고 대한민국 누군가에게는 '광주'도 그중 하나다. 어쩌면, 이번 인터뷰는 우리 모두가 한 번쯤 겪어봤을 편견과 규정에 대한 이야기이다. 세상의 편견에 움츠리게 되는 매우 보편적인 우리의 이야기. PSK 씨가 이 인터뷰를 통해 먼지 덩어리를 뱉어내고 조금은 개운해졌길 바란다. 보디치코가 믿었던 말하기의 치유력으로 우리의 마음도 깨끗해지기를 바란다.

PSK 씨는 '광주' 하면 어떤 이미지가 떠오르나요?

——— 아무래도 고향이니까, 낭만적 이미지가 있어요. 광주는 비주류와 반골의 이미지가 강한 도시예요. 역사가 그런 이미지를 심어준 것 같아요. 그럼에도 낭만이 있어요. 저는 어린 시절에 아빠 산소에 가는 길에 늘 국립5·18민주묘지를 봤어요. 무등산 드라이브를 하는 그런 것들이 저에겐 일상이에요. 비주류 같지만 저에겐 낭만의 도시고, 촌스럽지만 멋진 동네죠.

PSK 씨가 서울에 살면서 광주 사람이라는 이유로 겪은 에피소

드가 있을까요?

———— 남자친구가 부산 사람이에요. 남자친구는 원래부터 고정관념으로부터 자유로운 사람인데요. 저랑 제 남자친구, 그리고 남자친구의 친구가 같이 밥을 먹게 됐어요. 분위기가 되게 좋았어요. 그런데 제가 없을 때, 그 친구가 제 남자친구한테 그랬대요.

"아, 그런데 광주 사람이랑은 결혼하면 안 되는데."

남자친구가 그걸 저한테 얘기해줬어요. 대학교에 들어와서 몇 번 비슷한 상황을 겪은 적이 있긴 했지만, 잠시 잊고 살았는데 그때가 가장 충격적이었죠.

우리 세대에도 아직 그런 이야기를 하는군요.

———— 아, 영화 〈겟 아웃〉(2017) 봤어요? 거기에서 보면, 흑인을 싫어하는 것만이 차별이 아니잖아요. 흑인이라서 그런지 몸 좋다는 식으로 표현하는 장면도 나오거든요. 어떤 사람은 저한테 이렇게 얘기해요.

"어머, 나 광주 좋아하잖아. 나 5·18 스피릿 좋아해."

이런 사람도 있어요.

그런 말을 들었을 때 거부감이 들었나요?

———— 네, 저는 그랬어요.

그런 것도 하나의 고정관념으로 느껴지는 거네요.

———— 그런 것 같아요. 물론 "나 광주에서 왔어"라고 말했을 때 인상 찌푸리는 것보다야 낫죠. 그렇지만 '나'라는 사람이 가지고 있는 수많은 특징과 '광주'라는 도시가 가지고 있는 수많은 특징이 있잖아요. 그런데 광주 출신이라고 했을 때, 딱 한 가지 이미지만 연결시키면 어떻게 반응해야 할지 모를 때가 있어요.

도시의 이미지가 개인보다 앞서는 게 불편하다는 거군요. 광주에 대한 이미지가 사람에 대해 알아가기도 전에 튀어나오는 거요.

———— 맞아요, 맞아요. 하하.

PSK 씨에게 5·18민주화운동이라는 역사는 어떤 의미가 있나요?

———— 5·18민주화운동은 '진행 중인 역사'라는

생각이 제일 먼저 들어요. 아직도 논쟁하는 사람들을 보면 너무 마음이 아파요. "보수 진영도 일리가 있어"라고 말하기엔 너무 무책임한 것 같아요. 특히, 보수 정당이 집권하는 동안 정계나 민간에서 5·18민주화운동을 전용하는 방식과 그 과격성에 저도 무의식중에 피곤함까지 느꼈던 것 같아요.

그리고 저에겐 '자기 검열'이라는 의미가 커요. 수년 전에 '5·18' '좌빨' '광주'라는 키워드가 대한민국 내부에서도 타자화되었다고 느꼈던 때가 있어요. 그럴 때 참 속이 쓰려요. 저도 이 때문에 더욱더 자기 검열 하게 된 것 같아요.

그럼, 광주에 대한 다양한 콘텐츠를 보면 PSK 씨는 어떤 생각이 드나요?

———— 저는 권력이 어떻게 작동했을 때 5·18민주화운동 같은 역사가 발생했는지 더 세밀하게 벗겨내는 콘텐츠가 필요하다고 봐요. 독일의 홀로코스트 영화는 워낙 콘텐츠가 많잖아요. 그렇다 보니까 권력이 어떻게 작동할 때 사람들이 동요하는지에 대해서 감성적이고도 심화적으로 다룬 콘텐츠가 많아요.

그런데 아무래도 광주에 대한 콘텐츠는 자기 검열을 많이 하는 것 같아요. 궁극적으로는 자기 검열이 없는 더 다양한 내러티브가 있었으면 좋겠어요.

광주라는 도시가 저평가되고 있다는 생각도 해봤나요?

———— 아까도 이야기했지만 "전라도 사람이랑 결혼하지 말래"와 같은 이야기를 들을 때, 지금은 머리가 여물어서 그냥 넘길 수 있겠지만 제가 더 어릴 때 들었다면 스스로의 정체성을 제한하게 됐을 거 같아요. '내가 왜 이런 소리를 들어야 하지?' '광주는 왜 이렇게 문턱이 높은 도시로 여겨져야 하고, 나는 왜 거기서 왔지?' 같은 그런 생각을 할 거예요. 저희 어머니가 보험설계사를 오래 했는데 자기 검열이 심해요. "전라도 사람은 인사팀에 안 넣어줘" "전라도 사람은 곤조가 심해"라는 말을 어머니 스스로 많이 해요. 본인도 전라도 사람임에도 기업에서 일하면서 들어왔던 말이 어느샌가 내재화된 게 아닐까 싶어요.

사회에서 주류가 아닌 것들에 대해 네이밍하는 방식은 항상 비슷한 것 같아요. "여자가 웃는 게 그게 뭐냐"는 말을 일생에서 한 번이라도 들었다면 그게 살면서 스스로를 검열하는 기제가 되는 것처럼, 광주도 비슷한 것 같아요.

이렇게 대화를 나누다 보니까, 대한민국에서 민주주의에 대한 오해가 있기 때문에 민주주의를 이끈 도시가 같이 오해를 받고 있는 게 아닐까 하는 그런 생각도 들어요.

——— 맞아요. 민주주의도 아직 미완성이고 진행 중인 역사 같아요. 이 사회가 개개인이 각자의 목소리를 내는 것에 대해 여전히 부담스러워하는 거 같아요.

맞아요. 오늘 하신 말 중에서 '자기 검열'이란 말이 핵심인 것 같네요.

——— 어쨌든 한 지역에서 어느 정당의 90퍼센트 이상의 표가 나온다는 건 정상은 아니라고 봐요. 사람들에게 아직 트라우마가 있는 거죠. 아직 상처가 있는 거예요. 만약 그렇지 않았더라면 지역별로 구성이 더 다양하고 생각이 더 다양할 수 있는 거잖아요. 슬프네요.

PSK 씨는 사람들이 광주를 어떻게 생각해줬으면 좋겠어요? 딱히 특별한 이미지를 갖지 않는 걸 원할 수도 있겠어요.

———— 솔직히 이상한 사람으로만 보지 않으면 좋겠어요. 좋은 이미지를 획득하고 싶은 욕망보다 비논리적일 거라는 부정적인 이미지를 자동적으로 연상시키지만 않으면 좋겠다는 생각이 커요. 광주 사람이랑 결혼하면 안 된다는 말은 대체 뭘까요? 광주 사람은 인사팀에 넣으면 안 된다는 게 대체 뭐예요? 너무 구시대적이잖아요. 그건 약간 집단적인 세뇌 같아요. 그런 게 좀 없었으면 좋겠어요.

어떤 친구한테 "요즘에도 아직 지역감정적인 말이 오가고 그런대"라고 했더니, "야, 요즘 안 그래. 요즘 누가 그래? 어떤 시대인데" 그러더라고요.

———— 아, 맞아요. 페미니즘을 보고 누군가는 "지금은 여성의 시대야. 유리 천장은 이미 깨졌는데?"라고 말하는 거랑 똑같은 거 아닐까요?

언젠가 5·18민주화운동 이야기를 꺼내는 게 꼭 진지하고 정치

적인 일로만 보이지 않았으면 좋겠다는 생각도 드네요. 광주 친구들과 이런 이야기 나눠본 적 있어요?

──────── 아뇨. 없어요. 그런데 진짜 너무 신기한 게, 한때 인터넷에서는 이런 이야기가 되게 회자되었잖아요. 그런데도 얼굴 보고 육성으로 이야기해본 적은 없는 것 같아요.

그렇죠. 10년 전쯤에 어떤 온라인 커뮤니티에서 5·18민주화운동 사료로 유가족들과 사회에 상처를 준 일이 기억나네요. 그래서 이렇게 밖에서 이야기하는 것만으로도 누군가의 자존감이 좀 치유될 수 있으면 좋겠어요.

──────── 맞아요. 동시대 사람들이 무슨 생각을 하고 있는지 궁금해요. 얼굴 보고 터놓고 이런 이야기를 해볼 수 있는 기회가 없잖아요. 이런 이야기를 하는 것조차 자기 검열 하게 되는 게 사실이니까요.

6

광주 남자,
서울 여자

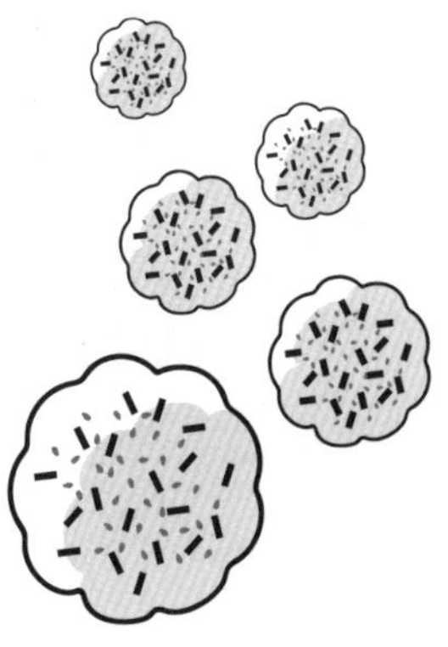

인터뷰 여섯

승리와 소연

오랜 연인인 광주 남자와 서울 여자.
페미니즘 서점 '달리, 봄'을 함께 운영 중이다.

광주 남자 승리와 서울 여자 소연. 둘은 함께 '달리, 봄'이라는 페미니즘 책방을 운영 중이다. 책방의 이름은 둘이 함께 키우는 고양이들의 이름에서 따왔다. 고양이 달리와 봄이. 둘의 이름을 이었을 뿐인데 세상을 다른 관점에서 보겠다는 의미가 태어났다. 우연이라기엔 너무나 절묘한 이름.

소연 씨가 계산을 하는 동안 승리 씨는 손님에게 드릴 커피를 만든다. 서점에서 열릴 강의를 위한 포스터, 워크숍 제목, 공지 문구 하나하나 모두 두 사람의 의견이 들어간다. 소연 씨가 주장하면 승리 씨는 갸우뚱하고, 승리 씨가 말하면 소연 씨가 딴지를 건다. 갸우뚱하고, 딴지를 걸다 보니 서점이 잘 굴러간다. 서로의 입을 막지 않고 어쨌든 들어주다 보면 정말 '달리 보게' 된다.

소연 씨와 승리 씨가 페미니즘 서점을 차린 이유는 하나다. 지금까지 주목받지 못했던 여성들의 목소리를 위한 자리를 마련하기 위해서이다. '달리, 봄'에 쓰인 수많은 여성들의 이야기 위에 광주와 역사, 광주와 여성, 광주와 상징 등, 뾰족하지만 말랑말랑한 말들이 쏟아져 내렸다. '다르게 보는 일'이 그 누구보다 익숙한 둘은 서로 빼고 더해주며 그 어느 때보다 풍성한 인터뷰를 완성시켰다.

두 분이서 페미니즘 서점은 어떻게 시작하게 되었나요?

———— 저희는 대학교 CC였는데요. 둘이서 여성들 개개인의 이야기를 기록하는 '허스토리'라는 회사를 시작하게 됐어요. 그러다 여성을 주제로 책을 다루는 일을 더 본격적으로 해보고 싶어졌죠. 책방을 연 이후로는 책방지기인 저희 외에도 여러 사람의 바람이 모여 더 역동적인 공간이 되어가고 있는 것 같습니다. _소연

어릴 때부터 서로를 봤을 텐데, 소연 씨는 서울로 막 올라온 승리 씨와 사귀면서 기억나는 에피소드 같은 게 있을까요?

———— 저희는 10학번이니까 무려 10년 전 일인데요. 1학년 때 MT에 갔는데 친구들이 승리에게 장난으로 발길질을 하면서 "서북청년단!" 하고 놀렸던 기억이 나요. 장난이라고 하기엔 너무 끔찍하다는 생각이 들었어요. 그게 어떤 역사인지를 정말 안다면 그런 장난을 못 할 텐데요. 본인들은 역사학과라고 친 장난인데 오히려 역사의식이 없었던 것 같아요. _소연

———— '디시인사이드'라는 커뮤니티 아시나요? 10년 전에는 그 커뮤니티에서 재밌는 문화적 요소도 있었지만 정치적인 논의도 많이 이뤄졌어요. 꽤 공격적이었던 걸로 기억합니다. 그때는 기분이 나쁘긴 했어도 전라도에 대한 놀림 같은 게 그냥 장난으로 넘어갈 수 있는 분위기였어요. _승리

———— '우리는 지역에 대한 농담도 쿨하게 받아들일 수 있는 세대야'라는 마음도 속으로는 있었던 것 같아요. 그런데 몇 년 사이에 지역에 대한 농담이 심각하게 받아들여지는 사회가 되었고, 그런 농담을 안 하게 됐죠. _소연

———— 사실, 취업 준비를 할 때가 되어서야 지역감정 문제가 현실적으로 다가왔어요. 제 친구가 어떤 대기업 면접을 봤는데요. 면접에서 "너는 광주 사람인데 여기서 일할 수 있겠냐"고 했대요. 아무래도 울산에서 일을 해야 하는 기업이어서 그 친구가 겪을 수 있는 차별이 걱정됐던 모양이죠. 그런데 반대로, 어떤 기업은 전라도 출신이 많다는 소문이 있었어요. 취업 준비생이 되면 아무래도 그런 것까지 예민하게 생각하게 되죠. _승리

소연 씨에게 광주에 대한 첫 기억은 무엇인가요? 설마 승리 씨는 아니겠죠? 하하.

———— 저희 엄마가 여행을 참 좋아했어요. 어릴 때 저를 여기저기 참 많이도 데리고 다녔죠. 광주도 그중 한 곳이에요. 차도 없어서 항상 기차, 버스를 타거나 걸어 다녔어요. 게다가 숙소 예약도 안 했죠. 그때는 숙박을 예약하고 가는 시스템이 아니었던 것 같기도 해요. 아무 여관이나 들어가서 잤어요. _소연

요즘 대학생들 배낭여행 같아요. 소연 씨가 몇 살 때였어요?

———— 유치원 때부터 그랬던 것 같아요. 중학생이 될 때까지요. 초등학교 5학년 때, 엄마와 광주에 갔던 날 함께 국립5·18민주묘지에 갔어요. 엄마가 이러저러한 설명을 많이 했겠죠? 그런데 그것보다는 그곳의 이미지가 많이 기억나요. _소연

어떤 장면으로 기억에 남아 있나요?

———— 묘지에 있는 비석마다 유가족의 마지막 인사가 새겨져 있었는데요. 그중 하나에 형수가 쓴 글이 있었어요. "도련님, 잘 가세요"였던 것 같아요. 왜 부모님도 아니고, 형제도 아니고, '형수'가 마지막 말을 적었을까. 피를 나눈 가족은 아니지만 더 끈끈한 무언가가 있었겠구나, 그럴 수밖에 없는 비극이 이 가족에게 일어났구나. 그런 상상이 꼬리에 꼬리를 물었죠. 나중에 대학생이 되어서 광주에 야구를 보러 갔다가 그 비석이 생각나서 찾아보기도 했어요. 그 자리에 그대로 있었어요. _소연

초등학생 때 일인데 정말 자세히 기억하고 있네요.

——— 5·18민주화운동이라는 커다란 말보다, 그 한 가족의 개인적인 역사가 더 강렬했나 봐요. "도련님, 잘 가세요"라는 그 한마디에서 그려지는 구체적인 가족의 이야기가 더 선명하네요. 또 한 가지 기억나는 건 엄청 끔찍한 사진들이에요. 전시관에 들어가서 본 사진들이 너무 잔인했어요. 들어갔다가 금방 다시 나왔던 기억이 나요. 엄마가 딸에게 못 보여주겠다고 판단했던 것 같아요. _소연

그랬군요. 그래도 다양한 경험을 하게 해준 어머님에게 정말 감사할 것 같아요.

——— 맞아요. 어른이 되어서 생각하면 엄마가 참 대단했던 것 같아요. 한번은 강화도에 갔었어요. 택시도 탈 수 있고 버스도 탈 수 있는 곳이었는데, 엄마는 무조건 걸어 다녀야 한다고 했죠. 너무 추운 겨울이어서 정말 고통스러웠어요. 그런데 지금은 엄마처럼 먼 거리도 잘 걸어 다니고 있어요. 신기하죠. _소연

어머님이 많은 걸 물려주었네요. 하하. 승리 씨는 광주의 어느 동네가 고향이에요?

———— 광주 광산구 운남동이 고향이에요. 거기에 주공아파트가 5단지까지밖에 없었는데, 고등학생 때는 10단지까지 늘어났어요. 가장 좋았던 건 아파트가 참 아파트 같지 않았다는 거예요. 아무도 문을 닫아놓지 않았어요. 문을 잘 잠그지도 않았죠. 여름에는 더우니까 현관문을 활짝 열어놓고 잤어요. _승리

———— 저는 처음에 이 말을 듣고 믿기지가 않았어요. _소연

어렸을 때 저도 인천에 있는 어느 아파트에 살았는데, 문은 꼭 잠갔던 걸로 기억해요. 하하.

———— 아파트인데도 옆집에 누가 사는지 다 알았어요. 부모님이 맞벌이를 하셨는데, 배고플 때는 이웃집에 갔어요. 엄마가 안 계실 때는 이웃집 아줌마가 밥을 챙겨주기도 했거든요. 또 14층에는 저희 가족과 친하게 지내던 이웃이 살아서, 밥 먹고 14층 집에 놀러 갔죠. _승리

와, 활동 범위가 굉장히 넓은데요?

———— 중학교 때까지 그 아파트에서 살다가 동천동이라는 동네로 이사를 갔어요. 그런데 이전 동네랑은 문화가 달랐어요. 아마 그 당시 주공아파트만의 문화가 있었던 것 같아요. 사실, 광주를 고향으로 인식하는 건 서울에 온 뒤부터인 것 같아요. _승리

광주를 떠날 때는 어땠어요?

———— 너무 좋았어요. 그때는 성공지향적인 학생이었어요. 서울에 가야 성공한다는 생각이 강했죠. 학교에서도 계속 서울에 있는 학교에 가야 한다고 들었으니까요. 광주가 싫지는 않았어요. 그런데 광주에 있으면 갇혀 있다는 생각이 들었어요. _승리

어느 지역이나 그런 식의 교육을 하는 편이죠.

———— 저는 서울, 수도권 말고 다른 지역에서 살아본 적이 없어요. 그래서 '나도 광주에서 살았으면 무조건 떠나고 싶었을까?'라는 생각도 해봤죠. _소연

———— 성적이 좋은 친구 중에는 전남대나 조선대에 가는 친구도 많았어요. _승리

그런 친구들은 어떻게 그런 선택을 하는 걸까요?

———— 아무래도 돈 문제가 크죠. 저희 엄마가 항상 '서울에 유학 보냈다'고 표현했어요. 그만큼 서울에 올라오면 돈이 정말 많이 들죠. 등록금, 월세, 생활비까지 어마어마하게 돈이 나가니까요. 그런데 지방 국립대에 가면 돈이 덜 들죠. 그리고 그 친구들은 보통 그 지역에서 취업을 해요. _승리

청년들은 광주에서 주로 무슨 일을 하나요?

———— 주변 친구들만 보고 이야기하자면, 공공기관이나 공기업에서 일하는 친구가 많아요. 우체국에서 일하는 친구도 있고, 경찰이 된 친구도 있어요. _승리

소연 씨와 승리 씨도 허스토리 책을 쓰면서 광주에 사는 어머님을 인터뷰한 적이 있다고 들었어요.

———— 네. 인터뷰를 하다가 80년대 이야기가 나왔어요. 그래서 "5·18민주화운동도 겪으셨겠네요?" 라고 아무렇지 않게 질문했었는데, 인터뷰가 끝나고 승리가 그런 질문을 하면 어떡하냐고 했죠. _소연

———— 직접 경험해본 일은 아니어서 함부로 말할 수는 없겠지만, 상처를 스스로 말하고 싶어 하는 사람은 많지 않을 거라고 생각해요. 부모님도 5·18민주화운동에 대해 굳이 말하지 않아요. 본인의 이웃, 친구가 직접 겪은 비극이니까요. _승리

〈우리의 20세기〉(2016)라는 영화가 생각나요. 주인공이 여러 손님이 모인 저녁 자리에서 갑자기 "생리"라고 외치는 장면이 있어요. 그리고 모두에게 따라 하라고 소리쳐요. 금기어라고 여겨지는 언어를 일부러 직면하고 익숙해지게 하는 거죠. 저는 그런 것도 일종의 치유 방법이라고 생각해요. 5·18민주화운동도 상처지만 계속 기억하고 다시 꺼내보는 게 중요하지 않을까요?

———— 5·18민주화운동을 말하는 게 어렵다고 생각하지는 않아요. 다만, 우리가 누군가에게 강요할 수는 없어요. 함께 이야기할 수 있는 맥락을 마

련해야 한다고 생각해요. 그리고 사회적으로는 이미 5·18민주화운동에 대해 활기찬 논의가 이루어지고 있다고 생각해요. _승리

그러네요. 개인적인 대화에서 '5·18민주화운동 이야기 좀 해주세요'라고 강요할 권리는 누구에게도 없죠.

———— 맞아요. 그때 제가 맥락 없이 그 질문을 던졌어요. 인터뷰 경험이 많이 없을 때 저지른 실수죠. 저는 그분이 겪어왔을 시대에 대한 개인적인 이야기가 궁금했던 건데, 되게 폭력적인 질문일 수 있었다는 생각이 들어요.

그리고 승리 말대로, 5·18민주화운동을 기억하려는 문화적인 움직임은 다양한 방식으로 이뤄지고 있어요. 광주의 동네 책방들이 함께한 이벤트가 기억이 나는데요. 광주에 있는 독립 책방을 돌아다니며 책갈피를 다 모으면, 〈임을 위한 행진곡〉 가사가 적힌 마스킹테이프를 줬어요. 너무 귀여운 이벤트였어요. _소연

다들 이미 노력하고 있군요. 확실히 광주에 대한 논의가 예전에 비하면 훨씬 개방적이고 다양하게 이뤄지고 있네요. 민주주의의 생일이랄까요. 더 많은 시간이 흐른 후에는 5·18민주화운동을 더 적극적으로 기념하고 축하하면 좋겠다는 생각이 드네요.

——— 축하보다는 '기린다'는 표현이 맞을 것 같아요. 무거울 필요는 없지만요. 다양한 기억이 모여서 서로 나누는 자리가 더 많아지면 좋겠어요. _승리

——— '혁명'으로 역사의 승인을 받은 4·19혁명 같은 경우는 축하의 의미로 기념할 수 있겠지만, '민주화운동'인 5·18민주화운동은 조금 의미가 다를 것 같아요. 단지 시민이 승리를 이룬 역사로만 기억되는 게 아니니까요. 그 안에서 어떤 가치를 지키기 위해 목숨을 바쳐 싸운 사람이 있고, 부당한 권력에 의해 희생당한 사람이 있죠. 그리고 한편으로는 그런 엄청난 비극이 광주에서 일어나는 동안 아무것도 하지 못했다는 부채 의식이 광주 바깥에서 동시대를 살았던 사람들에게 있는 것 같아요. 지금 우리 세대가 세월호참사를 겪은 것과 비슷하죠. 승리의 말대로, 함께 기억하고 기리는 날이겠네요.

5·18민주화운동이라는 역사와 관련해서는 아직

가해자가 잘 살아 있다는 면도 큰 차이인 것 같아요. 정치적 이해관계에 따라 결국 제대로 처벌을 받지 않았죠. 그런 역사가 계속 반복되고 있는 것 같아요. 세월호참사도 그렇고요. 그때그때 진상규명을 하고 책임자 처벌을 하는 게 모두의 지지를 받는 상식이 될 수는 없을까요? _소연

저도 그런 생각이 들 때가 있어요. 정치적인 문제를 떠나서 행정적인 합리성의 기준에서도 변화가 필요하지 않을까요? 정치적인 논쟁에 소모되는 사회적 비용이 너무 큰 것 같아요. 정치 이야기가 나와서 말인데, 광주 출신 밀레니얼 세대는 어떤 것 같아요?

———— 광주 친구들이랑 만나서 정치 이야기를 해도 이제는 생각이 다들 달라요. 젠더문제, 환경문제 등 요즘엔 다양한 이슈가 있잖아요. 그런 문제들에 대해서도 마찬가지예요. 살아온 환경이 다 다르니까 광주 출신이라고 해서 똑같은 의견을 갖고 있을 리 없죠. 저 또한 지금 제 정치적 성향이 광주 출신이기 때문에 생겨났다고 말할 수는 절대 없을 거예요. 경험하고 배우면서 습득한 거겠죠. _승리

그렇군요. 개인적인 생각인데, 이제는 사람들이 정치에 대해 비판할 때도 지역에 대한 언급을 안 하는 편인 것 같아요. 정치인 개인의 역량에 더 집중한다고 할까요. 물론, 부모님 세대에는 아직 지역별 정치색이 뚜렷한 분도 많죠.

———— 부모님 세대는 또 저희 세대와는 다른 경험을 했잖아요. 광주 같은 경우는 오랫동안 차별받아 왔다는 집단적인 경험이 있어요. 그래서 이 지역의 이익을 대변해줄 수 있는 정당을 지지하는 거죠. 다른 지역도 마찬가지죠. 그래서 부모님 세대도 이해가 가요. _승리

———— 개인적으로 궁금한 게 있어요. '광주는 민주주의의 도시니까, 나는 마땅히 진보적 가치를 추구해야 한다!' 하는 분위기 같은 게 광주 친구들 사이에 있나요? _소연

———— 사실 그것도 편견일 수 있어요. 하하. 어떤 주제든 간에 사람마다 다른 것 같아요. 일반화할 수 없어요. 관심 있는 친구는 관심 있고, 관심 없는 친구는 전혀 없죠. _승리

우리가 더 늙으면 어떻게 될까요?

——— 글쎄요. 계속 정치적 판단력을 가질 수 있도록 공부해야겠죠. 모르겠어요. 하하. 그런데 우리 모두는 누군가의 꼰대라고 하잖아요. 어떤 초등학생 인터뷰를 본 적이 있어요. 마지막에 그렇게 말하더라고요. "요즘 유딩들은 버르장머리가 없어요"라고. _승리

서점에 오니까 역시 아기자기한 굿즈들이 눈에 띄는데요. '위안부' 문제에 대한 젊은 세대의 관심을 모으기 위해서 '나비'라는 비주얼 아이덴티티가 만들어졌잖아요. 사실 시작은 외교적 문제였는데 그걸 대중의 이슈로 확산시키기 위해 했던 작업이 의미가 있었다고 봐요. 또 세월호에는 '노란 리본'이라는 상징이 있고요. 광주나 5·18민주화운동도 젊은 세대들이 소통할 수 있는 이미지나 굿즈로 만들어볼 수 있을까요?

——— 세월호나 위안부 문제와 광주는 다른 것 같아요. 세월호와 위안부 문제의 경우, 그 상징물을 가지고 다니면 그 이슈를 응원하고 지지하는 사람인 거잖아요. 그런데 5·18민주화운동은 더 이상 지지의 문제는 아닌 것 같아요. 이미 많은 논쟁 끝에 승인받

은 역사니까요. 그래서 젊은 층의 지지를 구하기보다는, 새로운 가치로 해석해야 하는 단계라고 생각합니다. 그래서 하나의 상징적인 이미지로 모두가 똘똘 뭉치기보다 다양한 이미지로 뻗어나갈 수 있어야 하는 시점인 것 같아요. 그래도 모두가 쉽게 공유할 수 있는 이미지가 생기는 건 좋겠죠? _승리

제주4·3사건이 '동백꽃'이라는 이미지로 치환되기도 했죠. 텍스트로만 이야기해왔던 것을 다른 가치로 치환하는 시도가 5·18민주화운동에도 일어나면 좋겠네요.

———— 맞아요. 그 의미가 담긴 이미지가 생기면, 더 많은 사람이 공유할 수 있을 것 같아요. _소연

마지막으로 페미니즘 서점의 책방지기로서 책을 한 권 추천한다면요?

———— 《광주, 여성》(후마니타스, 2012)이라는 책이 있어요. 역사적 사건 속에서도 드러나지 않았던 사람들이 새롭게 조명되는 게 중요한 것 같아요. 이 책은 5·18민주화운동이라는 역사의 현장에 여성도 있

었다는 사실을 증명하는 책이 아니에요. 드러나지 않은 이야기가 이렇게 많고, 앞으로도 많을 거라는 걸 보여주는 책이죠. 지금까지의 논의가 전부가 아니고 일부라는 걸 보여주는 거예요. 다른 이야기가 드러날수록 지금까지의 논의가 부분화되는 거죠. _소연

지금까지 전부라고 생각했던 것들이 전부가 아니게 되는 거군요. 다양한 주체에게 '발화'의 기회를 주는 것 자체도 모두에게 효과적인 치유 방식이라는 생각이 드네요.

———— 우리 사회가 더 좋은 방향으로 가려면, 더 많은 '사소한' 것들의 역사가 쓰여야 한다고 믿어요. 페미니즘의 관점도 지금까지 들리지 않았던 더 많은 목소리가 들리기 위한 시도 중 큰 줄기라고 생각해요. 광주에 대해 우리가 이야기해보는 이 자리도 그러한 점에서 의미가 있겠죠. _소연

7

샌님같이 굴지 말아요

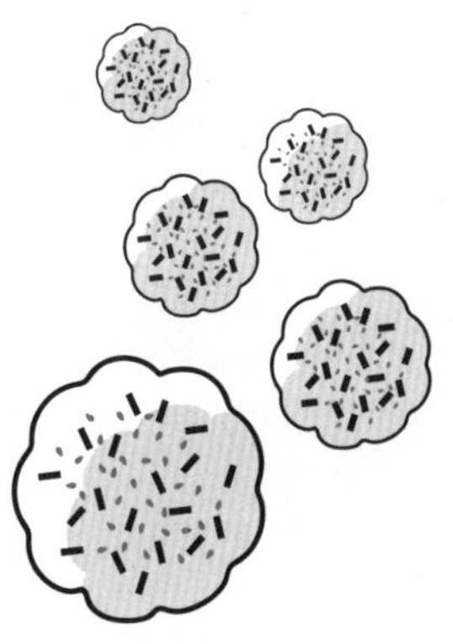

인터뷰 일곱

쩨리

어쨌든 5년 차 방송국 PD.
언젠가 독립하길 꿈꾼다.

우리가 진지한 이야기를 할 때, "이거 궁서체로 말하는 겁니다"라고 하는 건 참 일리 있는 말이다. 서체는 영어로 캐릭터라고 말한다. 캐릭터에는 '서체' 말고도 '성격'이라는 뜻이 있어서 서체는 곧 그 문장의 성격이기도 하다. 가볍게 말하고 있는지, 진지하게 말하고 있는지를 서체가 대변해준다.

언젠가부터 정치계에도 명조체나 궁서체를 버리고 젊은이들이 좋아하는 서체를 쓰기 시작했다. 젊은 사람들과 소통하고 싶다는 절박한 시그널을 서체로 보내는 것이다.

마케팅 용어 중에 브랜드 퍼스널리티라는 것이 있다. 브랜드가 사람들에게 어떤 이미지의 '사람'으로 인식되는지를 통해 브랜드의 이미지를 평가하는 지표이다. 광고에서 명조체만 주로 쓰는 브랜드가 있다면, 그 브랜드의 퍼스널리티는 아마도 신뢰감 가는 중년의 모습일 것이다.

그렇다면 광주의 브랜드 퍼스널리티는 어떤 모습일까. 누군가에겐 피로 얼룩진 옷을 입은 대학생일 수도 있겠다. 혹은 평범하고 촌스러운 아저씨거나 젊은 예술가일지도 모르겠다. 우리는 콘텐츠가 넘쳐나다 못해 버려지는 시대에 살고 있다. 도시는 어떤 옷을 입고 어떤 말투로 사람들에게 말을 걸어야 할까. 어떻게 해야 사람들에게 버려지지 않고 대화를 이어나가는 도시가 될 수 있을까.

쩨리 씨는 왜 PD가 되었나요?

———— 어릴 때부터 뭔가 만드는 게 좋았어요. 그런데 어딘가에 속해서 지속적으로 돈을 받으면서 만들고 싶었고, 그래서 PD가 되기로 결정했어요.

지금 어떤 종류의 프로그램을 만들고 있어요?

———— 지금은 음악 쇼프로그램을 주로 하고 있어요. 가수의 노래와 콘셉트를 완벽히 이해하고 그에 맞춰서 영상은 어떻게 만들지, 무대는 어떻게 꾸밀지 그리고 카메라부터 의상까지 함께 고민하는 일을 하고 있습니다. 물론 PD 혼자 하는 게 아니라 조명부터

세트 감독님들까지 현장에서 함께 일을 하죠. 저는 현장에서 그 의견을 조율하는 역할을 하고 있어요.

와, 멋지네요. 쩨리 씨는 서울에서 자랐나요?

——— 저는 전주에서 왔습니다.

전주는 외국인은 물론이고 한국인도 꼭 가보는 도시잖아요. 고향이 잘 성장해서 왠지 기분 좋으실 것 같아요.

——— 사실 그런 건 전혀 없어요. 자랄 때만 해도 전주한옥마을이 이렇게 브랜딩되지 않았어요. 중학교 때 수행평가 보고서 때문에 아빠랑 한옥마을에 갔어요. 그때는 정말 말 그대로 한옥 마을이었어요. 사람들이 다 살고 있는 마을이요. 제 입장에서 한옥마을은 좀 오염된 것 같아서 속상해요. 실제로 피해를 본 주민도 있을 것 같아요. 물론 지역 경제 활성화엔 도움이 되었겠죠. 저희 어머니도 거기 있는 한복집에서 일했거든요. 하하.

그렇게 볼 수도 있겠어요. 아주 예전에는 〈느낌표〉 같이 사회적인 논의를 예능으로 승화시키는 프로그램들이 꽤 잘됐던 걸로 기억해요. 요즘에는 어떤가요?

———— 요즘엔 많이 없죠. 트렌드에서 벗어난 편이에요. 그때는 방송국도 지상파 세 곳만 있었고, 그만큼 상징적인 힘이 있었어요. 〈느낌표〉는 전 국민이 다 보는 프로그램이었죠. 요즘엔 그런 프로그램은 없다고 봐야 해요. 모두 각자의 콘텐츠를 보죠. 짧고 호흡이 빠른 콘텐츠가 훨씬 많아지고 있고요.

〈알아두면 쓸데없는 신비한 잡학사전〉처럼 우리가 관심을 기울이지 않던 것들에 대해 예능으로 푼 프로그램이 인기 있기도 하잖아요?

———— 그렇죠. 메시지나 가치를 불편하지 않게 전달하는 게 중요한 것 같아요. 그런 면에서 〈알쓸신잡〉이 되게 포맷을 잘 잡았다고 생각해요. 계몽적이고 주입식으로 메시지를 전달하는 게 아니라 생각해보게 만드는 거죠. 그냥 토크쇼로서요.

그럼 한 도시에 대한 콘텐츠를 만든다면 어떻게 해야 사람들이 함께 즐길 수 있을까요? 쩨리 씨의 말처럼 억지로 메시지나 정보를 주입하다가는 외면받기 십상인 것 같아요.

———— 정말 젊은 세대에게 콘텐츠가 소비되길 원한다면, 너무 공익성에 치우치면 안 되겠죠. 샌님 같잖아요. 하하. 메시지가 일방향적으로 풀어지면 안 된다고 생각해요. 자연스럽게 대중적으로 흡수될 수 있어야 해요. 아무리 의미 있는 콘텐츠도 사람들이 보지 않으면 소용이 없어요. 일단 사람들이 보고 싶은 콘텐츠를 만드는 게 중요하죠. 그만큼 대중적인 소재를 결합시키는 게 중요한 것 같아요. 혹은 채널 전략을 잘 짜야 하죠. 일단 '다수에게 소비될 수 있는가?'를 첫 번째 기준으로 삼아야 한다고 생각해요. 잔인하지만 현실적인 이야기입니다.

만약에 광주라는 소재를 써서 콘텐츠를 만들어달라는 의뢰가 온다면 어떨까요?

———— 음, 어려운데요. 자연스러운 걸 만들고 싶어요. 〈내 친구의 집은 어디인가〉라는 프로그램 아시나요? 그처럼 광주에 사는 친구 집에 놀러 갈 수도

있겠네요. 프로그램의 방향이 '광주에 대해 알아보자'가 아니면 될 것 같아요. 자연스럽게 녹아들 수 있는 걸 하고 싶어요. 광주는 이렇고 저렇고 하는 식으로 가르쳐주는 방법은 절대로 지양하고 싶어요.

〈한끼줍쇼〉라는 프로그램이 생각나네요. 한번은 아버지가 그 프로그램을 보다가, "전라도가 역시 정이 많아"라고 한 게 기억나요. 그 프로그램이 원했던 게 그런 반응은 아니었겠지만요.

——— 하하하. 맞아요. 그런 거요.

쩨리 씨는 광주 하면 뭐가 제일 먼저 떠오르나요?

——— 저희 아버지가 5·18민주화운동 때 광주에서 계엄군이었다고 알고 있어요. 그런데 아버지가 먼저 그 이야기를 꺼낸 적은 한 번도 없어요. 그냥 언젠가 지나가듯이 이야기했죠. 의외로 그걸 아버지 인생에서 특별한 경험이라고 생각하진 않는 것 같아요.

"아빠가 그때 광주에서 전경이었어."

그 정도죠. 저도 먼저 물어본 적이 없어요. 아빠도 워낙 말을 안 하셨고요. 본인이 전경이었다는 생각

때문에 말하기를 피했던 걸 수도 있겠죠. 그런데 저는 시민들과 전경들 모두 피해자라고 생각해요. 예를 들면, 아버지가 당시에 시민을 때렸다고 해도 저는 아버지에 대해 어떤 도덕적 판단을 하고 싶지 않아요. 아버지에게도 선택의 여지가 없었을 테니까요.

쩨리 씨가 더 물어본 적은 있나요?

———— 영화관에서 〈화려한 휴가〉(2007)를 보고 집에 왔던 날이었어요.

"아빠, 나 〈화려한 휴가〉 봤는데 너무 무서웠어."

그랬더니 아버지가 그건 아무것도 아니라고 하더라고요. 실제로는 훨씬 무서웠다고 했어요. 그런데 그 이후로는 더 안 물어보게 됐어요. 그 무서운 이야기를 더 듣고 싶지도 않았어요. 게다가 그때 전경들이 시민들을 어떻게 때리고 했는지를 굳이 아버지한테 직접 듣고 싶지 않잖아요.

그럼 쩨리 씨한테 광주는 아버지의 이야기가 연상되는 도시군요.

———— 음, 어릴 때 영어 말하기 대회 결승전을

치르러 광주에 갔었어요. 전라도를 통틀어 제일 큰 도시여서 저한테는 어릴 때 서울 같은 도시였어요.

서울에 살아보니까 어때요?

———— 신기하게도 서울에 사니까 광주가 또 작게 느껴져요. 다른 사람들이 다 저 같지는 않겠지만 서울 사람들이 지방에 대해 느끼는 감정보다 제가 지방에 대해 느끼는 감정이 더 메마른 것 같아요. 서울 사람들에게는 지방에 가는 게 여행일 수 있지만 저는 집에 가는 거거든요. 그래서 다른 도시에 대해 낭만적인 환상이 별로 없는 편이에요.

처음 서울에 오셨을 땐 어땠어요?

———— 대학교 MT에서 '지하철 게임'을 하는 거예요. 저는 서울 지하철을 하나도 모르니까 너무 화나더라고요. 그리고 저희 과는 대부분 서울 출신이었는데, 심지어 고등학교 출신별로 파벌이 생기기도 했어요. 그래서 소외감을 많이 느꼈었죠. 그리고 애들이 항상 비빔밥에 대해 물어봐요. 저는 비빔밥을 그렇게

자주 먹지 않는데도 무슨 전주 사람들은 매일 비빔밥만 먹는 것처럼요. 그건 진짜 전주가 아니에요. 저는 전주를 비빔밥의 도시라고 정의하고 싶진 않거든요. 아, 그리고 "너희 어머니는 요리 잘하시지?" 이건 100퍼센트 물어보더라고요. 하하.

브랜딩은 속성 자체가 외부인을 타깃으로 하는 거잖아요. 그래서 오히려 소속된 구성원들의 생각과는 다르게 이뤄질 수밖에 없는지도 모르겠어요. 지역 사람 모두가 합의할 수 있는 가치로 브랜딩하면 얼마나 좋을까요?

———— 지역 사람들에게 이득이 안 되거나 지역 사람들과 합의가 안 되면 브랜딩이 이뤄질 수 없는 것 같아요. 비빔밥이 전주에 경제적으로 도움은 됐죠. 하지만 저 개인이 비빔밥의 아이콘이 된 건 좋은 걸까요? 푸하하. 저는 제가 나고 자란 도시와 저를 분리시키고 싶어요. 제가 이곳 출신이라는 이유로 동일화되는 분위기가 싫은 것 같아요.

함께 살아갈 사람들에게

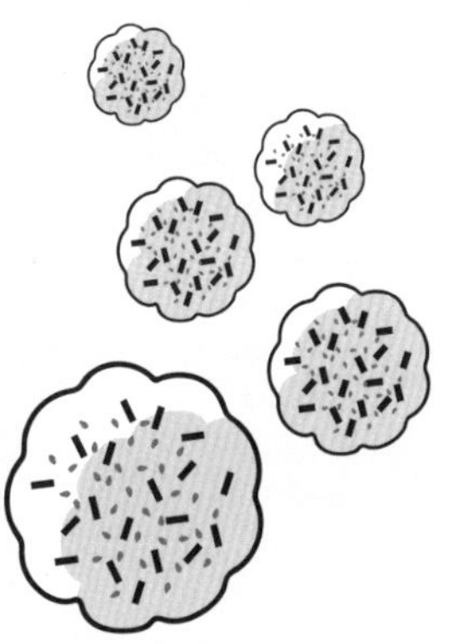

인터뷰 여덟

경

서울 토박이 집안에서 나고 자란 기자 초년생.
서울 깍쟁이는 싫지만 서울 사투리는 좋아한다.

소설가 김영하의 강연을 들은 적이 있다. 그가 전수해준 글쓰기 노하우는 끝내 습득하지 못했지만 그의 특이한 성격 하나는 오래도록 기억에 남아 있다. 그는 소설가가 된 이후로 화내는 일이 없어졌다고 했다. 소설을 쓰다 보니 세상 모든 인물에게 저마다 사연이 있다는 걸 알게 됐기 때문이라나. 수많은 캐릭터의 입장이 되어 삶을 상상해가다 보면 현실에서 누굴 만나도 결국엔 용서하게 되나 보다.

그 관점을 나의 일상에서 적용해본 첫 번째 케이스는 지하철역 계단에서 부딪힌 할머니였다. 빨리 가겠다고 두 손으로 나를 밀치고 지나간 꼬부랑 할머니의 뒷모습을 잠시 멈춰 서서 바라보았다. 그러다 갑자기 그 할머니의 과거를 상상해보게 됐다. 저 작은 체구로 6·25전쟁을 겪고 아이를 낳고 격변의 시기를 넘고 또 넘으며 생계를 유지해왔으려나. 극도로 발달한 생존 본능이 저 작은 몸에 남아 오늘날의 만원 지하철에서도 십분 발휘되고 있는 거겠지.

일요일이면 광화문 근처 도로는 마비가 된다. 매주 이어지는 태극기 집회 때문이다. 움직이지 못하고 서 있는 시내버스 창문 너머로 군복에 선글라스를 끼고 행진하는 흰머리의 할아버지를 본다. 저 할아버지에겐 어떤 사연이 있을까. '공주를 석방하라'라는 플래카드를 목에 걸고 비장한 표정으로 힘겹게 걸어가는 할머니는 어떤 삶을 사셨을까.

대한민국의 많은 이슈는 쉽게 노인 세대와 젊은 세대의 갈등으로 서술된다. 말도 안 되게 급격히 변해온 사회이기에 대부분의 갈등이 세대 차이를 대동할 수밖에 없다. 대한민국 모두가 서로의 사연을 상상해내는 소설가의 능력을 가진다면 참 평화로울 텐데.

초년생 기자 경 씨는 서로 다른 생각 사이에서 단 하나의 정답이 기다리고 있는 문제도 있다고 했다. 바로 역사에 대한 문제다. 이전 세대가 믿어온 것이 거짓으로 증명되었다면, 젊은 세대에겐 그들을 방치하지 말고 함께 가야 할 의무가 있다. 명확한 사실을 캐내어, 모두가 온전히 받아들이게 하는 일이 역사에 대한 예의이고 우리의 의무이다.

오늘도 우리는 서로 다른 뉴스를 보고 서로 다른 자료를 믿는다. 우리는 언제쯤 진실로의 합의를 이룰 수 있을까. 이 질문에 정말 모르겠다고 애타하던 경 씨의 얼굴이 떠오른다.

경 씨는 취재했던 일 중에 어떤 게 제일 기억에 남아요?

———— 혹시 태극기집회 가본 적 있어요? 단상 가까이에서 진지하게 경청해보면 전혀 다른 세계를 볼 수 있어요. 한번 끝까지 지켜보는 것도 좋을 것 같아요.

젊은 세대의 많은 사람들이 태극기집회를 이해 못 하겠다고 하죠. 어떻게 생각해요?

———— 젊은 세대는 어떻게 이렇게 많은 사람들이 오랫동안 집회를 이끌어나가는지 신기해해요. 단순하게 이뤄지는 건 아니더라고요. 참여자들에게 텍

스트가 계속 제공되는 시스템이 있기 때문에 더 탄탄하게 유지되는 거라고 생각해요.

텍스트의 공급자가 따로 있다는 건가요?

——— 모두가 공급자면서 소비자가 되는 겁니다. 물론 그 시스템을 유지하게 만드는 사람들이 따로 있다고 생각해요. 이건 소위 말하는 진보든 보수든 마찬가지예요.

서울에서 벌어지는 다양한 집회를 보면, 가끔 저도 이해가지 않는 게 있어요. 불법을 저질렀다는 점은 굉장히 심플한 팩트라고 생각하는데요. 받아들이지 못하는 분들이 있죠.

——— 죄송하지만 그건 굉장히 나이브한 생각일 수 있어요. 애초부터 그런 법을 믿지 않는 분들도 있어요. 남들이 보기에는 합리적인 팩트라고 해도 어떤 분들은 그 반대편에서 만든 이미지와 영상을 보거든요. 그런 게 확대 재생산되고 있어요. 스마트폰도 다 가지고 있잖아요. 네이버 밴드, 유튜브 등 엄청 많은 커뮤니티가 있어요. 다른 이야기가 비집고

들어올 틈이 없어요. 오프라인 커뮤니티도 잘 연결되어 있어요. 사실 젊은 세대도 마찬가지예요. 사람마다 좋아하는 콘텐츠의 알고리즘을 소셜미디어가 추출해서 계속 비슷한 콘텐츠만 추천해주니까요.

광화문에 항상 5·18민주화운동과 관련해서 시위하는 사람이 있어요. 공식화된 역사지만 아직 생각에 차이가 있는 이유는 뭘까요?

———— 5·18민주화운동도 마찬가지인 거 같아요. 다른 사회적 이슈들처럼, 유튜브에 한 번만 검색해봐도 '5·18이 빨갱이 짓일 수밖에 없는 이유' 이런 영상이 엄청 많아요. 그 당시 사진이나 영상이 해상도가 좋은 건 아니에요. 예를 들면 그런 거랑 비슷한 것 같아요. 예전에 화성 뒤편에서 사람의 그림자가 나왔다는 루머가 퍼져서 사람들이 그걸 믿었다고 하잖아요. 그와 같은 논의가 반복되는 거죠. 저도 '시민이 이렇게 탱크를 잘 조작할 수 없다'는 내용을 인터넷에서 본 적이 있어요. 이건 마치 코끼리 다리 더듬는 것처럼, 무수한 비누 거품 같은 이야기를 무궁무진하게 쌓아놓는 거라고 생각해요. 결국 그런 것

들이 사람들의 태도를 강화하고 다른 사람들의 이야기를 듣지 않도록 견고히 하는 거니까요. 물론 이런 방식은 다른 사회적 이슈나 모든 정치적 진영에서 마찬가지로 작용돼요. 어느 한쪽에서 하는 이야기는 아닙니다.

어떤 네거티브가 있어도 보수를 지지하는 사람은 자신의 의견을 강화하기 위해 사용하고, 진보를 지지하는 사람은 또 진보에 맞춰서 사용한다는 이론이 있죠. 그럼 아무리 메이저 언론이 팩트를 전달해도 영향력에는 한계가 있다고 보시나요?

———— 오히려 역효과를 만들 수 있다고 생각해요. 요즘에는 대안언론이 많잖아요. '까치방송 TV'부터 시작해서 다양하다고 알고 있어요.

주로 온라인이에요. 그렇죠?

———— 유튜브 채널이죠.

대한민국 유튜브 사용자의 50퍼센트 이상이 50대 이상이라는

기사를 보고 놀란 적이 있어요.

———— 다들 그냥 보기만 하는 게 아니라 1인 방송도 열심히 해요. 셀카봉 들고 다니면서 스트리밍 방송도 많이 하고요. 까치방송 TV 같은 언론이 점점 많아지고 있어요. 자신들의 생각을 표현할 수 있는 작은 매체를 계속 만드는 거죠. 그런 분들 입장에서는 굳이 메이저 언론을 볼 이유가 없지 않을까요?

소셜미디어 사용에 대해서 어떤 언론학자가 다들 각자의 세계에 산다고 표현했어요. 내 피드에 올라오는 글과 다른 사람 피드에 올라오는 글이 아예 다른 세계관을 구축한다는 거죠. 부모님은 정치 토크 유튜브 채널을 정말 좋아해요. 그런가 하면, 동물이 나오는 유튜브만 보는 친구도 있죠. 정말 각자의 세계가 있는 것 같아요. 그 차이가 고도화된다면 미디어를 통한 화합보다는 분열에 가까워지는 걸까요? 그럼 우리나라는 세대와 세대가 영원히 서로 다른 길로 달려갈 수밖에 없는 걸까요?

———— 그러게요. 어떻게 해야 할까요? 저도 그걸 좀 알고 싶어요. 세대 차이를 더 공고하게 만드는 콘텐츠를 끊임없이 공급하는 사람들이 스스로를 경계해야 한다고 생각하는데, 사실 그건 어려운 일이죠.

또 다른 방향은 없을까요?

———— 굉장히 뜬구름 잡는 이야기를 해볼게요. 저는 개개인이 비판적 사고를 할 수 있어야 한다고 생각해요. 그런데 사실 불가능하죠. 특히 어르신들 세대에는 우리 세대처럼 '능동적 사고' '창의적 글쓰기'를 교육받고 자란 분이 거의 없어요. 그 시절이 그걸 허용할 만큼 풍족하지 않았죠. 그래서 이 세대 차이에 대해서 개개인이나 어느 한쪽 세대를 탓해서는 절대 안 된다고 생각합니다. 그렇다면 앞으로가 문제예요.

물론 가족 단위에서 노력할 수 있겠죠. 할아버지, 할머니랑 대화를 많이 하고, 이런 정치·사회 문제에 관해 세대 간 교류가 가족부터 이루어질 수 있다면 좋겠죠. 결국 이것도 사회적 노인 문제랑 무관하지 않은 것 같아요. 혼자 사는 노인도 많고 그들이 스스로를 외로운 존재로 생각하고, 자식들과 이야기할 기회도 적어지고요.

만약에 정말 다른 사람의 이야기를 듣지 않는 강경한 어르신이 있다고 가정해봅시다. 그런데 그 가족이 가감 없이 서로 자유롭게 이야기할 수 있는 환경이라면 그 어르신은 집회에 참여할까요? 주말에 집회에 나오는 어르신 중 일부는 외로워서 나온다는 생각도 들어요. 아무리 추워도 자신의 의견에 맞장구쳐주는 친구들을 만날 수 있는 곳이잖아요. 거기서 '존재감'이 생기잖아요. 누군가가 자신의 이야기를 들어주니까.

그러면 어떤 분열된 주장이 있는 이슈에 대해 진실이 어떻게든 밝혀져서 분열된 의견이 아니라 팩트가 남았을 때, 그 팩트로 화합할 수 있는 가능성이 대한민국에 있다고 생각하나요? 경씨의 말대로면 노인 문제 등 모든 걸 고려했을 때, 대한민국이 화합할 수 있는 가능성이 없어 보여서요.

———— 정치적인 면에서는 어려울 것 같아요.

'진상규명'이라는 단어 자체가 분명한 팩트가 있는 역사임을 반증하는 것 아닐까요?

———— 하지만 '진상규명'이라는 말에 대해 누군가는 '규명할 진상이 어디 있어?'라고 반문하겠죠. 5·18민주화운동으로 이야기해볼게요. 아직 드러나지 않은 부분에 대해서 현대적 기법을 동원해서 다시

들여다보자는 게 '진상규명'의 입장이죠. 그런데 반대쪽에서는 파헤칠 '진상'이 없는데 '또 무언가 조작하려고 하는구나!'라고 반응하는 거죠. 접근 자체가 다른 거예요. 진상규명이라는 것 자체가 팩트를 찾겠다는 건데, 찾아야 할 팩트가 없다고 생각한다면 화합이 불가능한 거죠.

그럼 지금 세대가 중년이 되면 뭔가 달라질까요?

———— 솔직히 잘 모르겠습니다. 세상엔 정말 다양한 사람들이 있어요. 우리 세대에도 마찬가지죠. '디지털 리터러시(Digital Literacy)'라는 말이 있잖아요. 모두가 문해력을 가지고 뉴스를 접하고, 뉴스에 대해 비판적 접근을 하는 길만이 희망이라고 생각해요. 정리된 자신의 생각을 공유하고 토론하고자 하는 사람이 많아져야 해요. 그건 또 교육의 영역인데요. 그런데 그것이 제도권 교육에서 이뤄질 수도 있고 문화적 측면에서 채워질 수도 있는 건데, 그 둘 모두에서 멀어져 있는 사람들이 많이 있어요. 우리가 나중에 사회의 허리라고 하는 40~50대가 되었을 때, 우린 과연 달라질 수 있을까요?

다른 예를 좀 들어보자면, 친일파에 대한 논쟁은 그 당시에는 의견이 갈리는 이슈였잖아요. 친일파이자 매국노로 비판받기도 했다면, 누군가는 그것도 나라를 위해 어쩔 수 없던 일이었다고 해명하는 사람도 있었고요. 하지만 지금은 어떤가요? 대다수가 친일파의 역사적 행위를 정의롭지 않다고 합의하고 있죠. 그렇다면 어떤 역사든 시간이 더 지나면 의견이 좁혀지고 객관적으로 서술될 수 있지 않을까요?

———— 앞으로 우리가 어떤 사람들이 리드하는 사회에 살 것인가와 밀접한 문제 같아요. 누군가 '광주'를 또 정치적으로 이용하려는 순간, 우리는 완전히 새로운 교과서로 배우게 될지도 몰라요. 중국이 역사를 필요에 의해 왜곡하는 걸 보면, 자신의 콤플렉스를 역사 왜곡으로 극복하려는 유혹은 굉장하죠. 결국엔 우리가 '역사'에 대해 어떤 의지를 가진 사람들과 살아갈 것인지가 중요한 것 같아요.

이런 현실에서 기자로서 어떻게 기여할 수 있다고 생각해요? 혹은 이런 사회를 기자라는 직업으로 바꿔갈 수 있다고 생각하나요?

———— 어려운 질문인데요. 아무래도 바꿀 수 있

다고 믿어서 기자가 되었겠죠. 아직 햇병아리긴 하지만요. 〈러빙 빈센트〉(2017)라는 영화를 보면, 우체부 아들이 처음에는 툴툴거리면서 왜 이 일을 해야 하냐고 해요. 그런데 곧 이야기 조각들을 모아서 고흐의 편지들이 세상에 나올 수 있게 만들어주죠. 그리고 그 이야기와 관계된 사람들 한 명 한 명에게 그 이야기를 배달해줘요. 그런 기자가 되고 싶어요. 최대한 겸허한 이야기 배달꾼이 되어야겠다. 누군가가 들어야 할 이야기를 아직 못 들었다면, 그 사람이 충분히 이해할 수 있게 이야기를 전달하는 역할을 해야겠다. 그런 생각을 하고 있어요.

그럼 절대 불통할 거라고 기대했던 세대도 이해할 수 있고, 그들을 설득할 수 있는 콘텐츠를 개발하겠다는 꿈도 있으시겠어요.

──── 그게 제일 이상적이죠. 그런데 그런 게 대체 어떤 경지인지 아직 잘 모르겠어요. 어떤 형식의 콘텐츠를 창작하는 사람이든 결국 그걸 바랄 거예요. 그리고 그런 걸 던졌을 때, 수용자가 얼마나 그걸 받아들일 준비가 되어 있는지도 중요할 것 같아요. 그럼에도 정말 호소력 있는 콘텐츠를 만드는 사

람이 어딘가에는 존재할 거란 말이죠? 저도 그게 목표일 것 같네요.

광주와 광화문의 상관관계

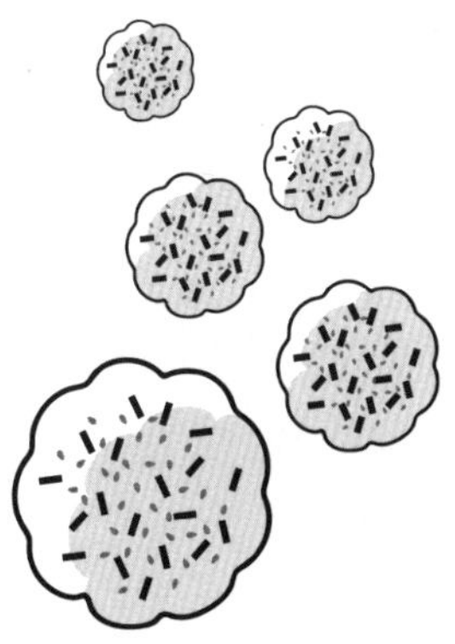

인터뷰
아홉

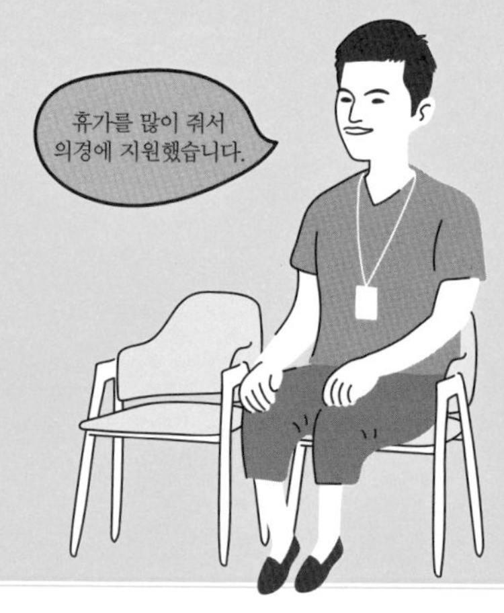

종

**군대 가서야 철든 막내아들.
평화롭게 시위하는 사람들을 보면서
많은 것을 배웠다.**

나는 오랫동안 경복궁 근처에 살았다. 덕분에 2000년 1월 1일 자정이 되던 순간, 광화문 도로 위에 잠옷 차림으로 서 있을 수 있었다. 해의 앞자리 숫자가 바뀌는 걸 보고 있자니 내가 선택받은 사람처럼 느껴졌다.

하늘에서는 폭죽이 쉬지 않고 터졌고, 종이로 만든 꽃가루가 땅으로 내려앉았다. 오직 환희만 가득했던 광화문. 하지만 가장 강렬한 기억은 '2000'이라는 숫자도 폭죽도 아닌, 내가 도로 위에 서 있었다는 사실이다. 어두운 아스팔트 대로를 걸어가는 내 운동화를 한참 내려다보았다.

그때는 광화문광장이 없었다. 다시 말해, 이순신 장군에게 가까이 갈 수 있는 방법이 없었다. 차량이 통제된 그날 밤, 나는 아버지의 손을 뿌리치고 이순신 장군을 향해 뛰어갔다. 흰색 차선을 뛰어넘을 때마다 느꼈던 승리감. 엄청난 인파가 도로를 장악하고 힘껏 행복해했던 순간의 쾌감. 이제야 그 쾌감의 정체가 '일탈'이라는 걸 안다.

오늘날 광화문 도로 위에는 주말마다 같은 마음들이 한데 모여 일탈을 누린다. 도로 위를 행진하는 반나절의 일탈로 사람들은 분노를 표출하고 애도하며 희망을 부르짖는다. 건너편에서 버스를 기다리던 사람들은 억지로나마 플래카드에 적힌 글씨를 읽어본다. 누군가는 얼굴을 찌푸리며 시선을 피하고, 호기

심 많은 누군가는 인터넷에서 검색해보겠지. 불편한 소통이다. 그런데 이 불편함이 가끔은 세상을 바꾼다.

그리고 그 한가운데, 97년생 의무경찰 종이 서 있다. 달리는 자동차들과 행진하는 사람들 사이에. 누군가의 간절하고 힘겨운 일탈을 보호하기 위해서.

의경에 지원한 특별한 이유가 있나요?

———— 휴가를 많이 줘서 지원하게 됐어요. 하하.

하하. 방패를 들기도 하고, 오래 서 있기도 해서 힘들 거라고 생각했는데 아닌가 봐요.

———— 시위 현장에서 방패 쓸 일은 거의 없는 것 같아요. 가끔 과격하게 시위하는 분들도 있는데, 그래도 그냥 맨몸으로 막는 편입니다. 방패에 대한 국민들의 시선이 좋지 않기도 하고요. 저희가 방패를 들고 있으면 시위하는 분들도 오히려 더 과격해져요.

의경에 지원했을 때 부모님은 걱정 안 했어요? 종 씨가 의경이 되어서 부모님의 생각이 바뀐 부분도 있나요?

———— 과격하게 시위하는 분들을 확실히 안 좋게 보고 걱정도 많이 했죠. 특히 요즘 태극기집회는 과격한 분도 많아서요.

그래요?

———— 할아버지, 할머니가 의외로 통제하기 어려운 편이에요. 제가 출동한 마지막 집회가 탄핵 철회 집회였는데요. 집회를 하면 정해진 차선 안에서 활동을 해야 해요. 사차선 도로라면 인도 쪽 이차선 도로를 집회 단체가 쓰고, 중앙선 쪽 이차선 도로는 차들이 다닙니다. 그런데 한 할머니가 자꾸 차가 다니는 차선으로 걸어가더라고요. 그래서 제가 할머니께 안쪽으로 들어가달라고 말했습니다. 그랬더니 할머니가 "아무도 날 막을 수 없어!"라고 외치면서 차 있는 쪽으로 돌진한 적이 있어요.

아이고, 위험한 순간이었네요. 그래도 할아버지, 할머니와 몸싸

움을 할 일은 없죠?

———— 할아버지들이 화나면 힘이 세져요. 제 옷에 계급장이 달려 있었는데, 한 할아버지가 화가 나서는 그걸 뜯어간 적이 있어요.

그건 왜 떼어갔을까요?

———— 그러게요. 그냥 제 어깨를 밀치려고 하다가 그렇게 됐던 것 같아요.

그럼 의경들은 집회 단체가 먼저 폭력적인 행동을 보이기 전까지는 가만히 있는 건가요?

———— 그렇죠. 2008년에 의경이 쓰러진 여성 시위자를 워커로 밟은 일이 있어요. 그 의경이 군복무 중에 구속됐다고 해요. 그때를 기점으로 더 변화가 많이 생긴 것 같습니다.

종 씨가 의경으로 지원했을 때는 물대포가 금지된 후인가요?

———— 고 백남기 님 일로 이제 그것도 금지되었

어요. 경찰청 차원에서 이제 안 쓰는 걸로요. 꼭 필요한 상황에서는 캡사이신 건을 씁니다. 거의 원액이 들어 있는데 피부를 문지르지 않으면 회복돼요.

이런 대화가 굉장히 생소하네요. 종 씨는 첫 출동을 어떻게 기억하나요?

———— 트럼프 방한 때였어요. 그때는 시위가 꽤나 격했던 걸로 기억해요. 게다가 신병이었기 때문에 많이 긴장했죠. 동기가 대기하던 버스 안에서 웃었다가 혼났던 기억도 있네요.

그때도 폭력적인 행동이 있었나요?

———— 트럼프 대통령이 탄 차량이 광화문을 지나가고 있었는데요. 어떤 시위대분들이 차량에 오물을 던졌어요. 그래서 저희가 가림막으로 날아오는 오물을 막아야 했던 상황이 있었어요.

그런 에피소드가 쌓이다 보면, 의경에 지원한 걸 후회한 적도 있

을 것 같아요.

———— 처음엔 좀 무서웠어요. 하지만 사회 현장에서 벌어지는 일을 직접 보는 게 더 의미 있다는 생각도 들더라고요.

의경으로 일하다 보면 정말 다양한 집회를 봤을 것 같은데요. 집회라는 행위에 대해서는 어떤 생각을 가지고 있나요?

———— 어떻게든 사회에 자신의 의사를 표현해야 하는 분들이 집회에 참여해요. 이렇게 다양한 의견이 있다고 표출하는 거죠. 그런데 그 목소리에 비해서 세상이 바뀌는 건 그렇게 많지 않은 것 같아요.

맞아요. 모든 의견이 반영될 수는 없는 게 현실이니까요. 궁금했던 게 있는데, 의경이 되면 집회는 막아야 하는 대상이라고 교육을 받나요, 아니면 보호해야 하는 대상이라고 교육을 받나요?

———— 보호해야 한다고 교육을 받죠.

무엇으로부터 보호하는 거죠?

———— 한마디로 질서를 지키는 거죠. '막는다'는 표현은 절대 쓰지 않아요. '질서를 유지하고 관리한다'는 표현을 쓰죠.

옛날에는 시위하는 시민과 공권력 사이에 갈등 관계가 꽤 깊었다고 배웠어요. 그런 내용도 교육이 따로 이뤄지나요?

———— 교육이 따로 있진 않은 것 같아요. 정치적인 맥락은 최대한 배제합니다. 오직 치안 관리만을 목표로 하죠.

조심스러운 질문이지만 물리적으로 시민에게 대응해본 경험도 있나요?

———— 감정이 격해질 때는 서로 물리적으로 대응하게 됩니다.

어떤 상황이었나요?

———— 비상식적인 행동을 하는 분들에게 더 주목하게 되죠. 예를 들면, 계속 폭언이나 욕을 하는 분

들이 대표적이에요. 혹은 경찰에게 연행되는 동료를 위해서, 그 경찰을 반대로 신고하는 분도 있어요. 경찰에게 경찰을 신고하는 거죠. 사실 100명이 있다면 그중 97명은 평범한 분들이에요. 그런데 나머지 3명 정도가 자신의 분노를 폭력적으로 표출하는 거죠. 그 소수의 방식이 전체로 확장되지 않게 막는 게 중요해요. 폭력이 더 확장되기 전에 그분들을 격리시키는 거예요. 보통 시위가 끝날 때까지 경찰서에서 조사를 받다가 시위가 끝나면 훈방 조치되죠.

건설 관련 시위 때 가끔 의경 한 명만 붙잡고 때리는 시위자도 있어요. 그때 "아저씨, 저 군인이에요" 하면 풀어주기도 해요. 그런데 요즘엔 그런 일도 없어요. 요즘엔 집회자끼리의 싸움을 중재할 일이 더 많은 것 같아요.

정말 다양한 사람들을 보겠군요.

———— 평화롭게 시위하는 분들을 보면 배우는 게 많아요. '정말 자기 생각을 말하고 싶어서 나왔구나'라는 생각이 들죠. 간혹 폭력적인 분들을 보다 보면, '어떤 환경이 저분을 저렇게 만들었을까?'라는 생

각도 들어요. 표현하는 방식이 서툴러서 안타깝죠. 표현에도 여러 가지 방법이 있잖아요. 그런데 그분들이 살아온 환경에서는 그게 제일 유리한 방법이었기에 지금의 저런 방법을 선택하게 됐겠구나 싶고요.

우리 역사에서 전경도 비판받던 때가 있었죠.

———— 군대에선 상부에서 내려온 지시를 어길 수가 없고 개인의 생각이 많이 줄어들게 돼요. 그분들도 한참 시간이 지난 지금은 죄책감에 힘들어할 수 있다고 생각해요.

아, 그분들도 트라우마가 클 것 같네요.

———— 개인적으로는 나라에서 그분들의 트라우마 치료를 지원해줘야 한다고 생각합니다.

한나 아렌트의 《예루살렘의 아이히만》(한길사, 2006)이 생각나네요. 아이히만은 결국 유죄 판결을 받았죠.

———— 네. 참 어려운 문제예요. 어떻게 보면 그

도 불쌍한 사람이라는 생각이 들어요. 명령에 아무런 이질감을 못 느끼도록 세뇌당한 것 자체에 동정심을 느끼기도 합니다.

〈그때 그 사람들〉(2005)이라는 영화에서는 계엄군이 출동해야 하는데 한 명이 엉엉 울면서 못 하겠다고 말하는 장면이 있어요. 이런 질문은 좀 실례일 수도 있을 것 같은데, 그래도 해볼게요. 종 씨라면 그때 어떻게 했을까요?

———— 너무 어려운 질문이네요. 아마 저도 거절하기 쉽지 않았겠죠.

5·18민주화운동은 참 여러 주장이 있는 역사 같아요. 그중에는 '광주 계엄군의 목표가 진압이 아니라 살상이었다'는 주장도 있더라고요. 어떻게 생각해요?

———— 군대를 투입했다는 것 자체가 개념적으로 그 의미를 담고 있다고 생각합니다. 정부에는 두 가지 무장 세력이 있어요. 하나는 군대고, 다른 하나는 경찰이죠. 군대는 외부로부터 국가를 지키고 경찰은 국가의 질서를 지키는 일을 하잖아요. 그런데

같은 나라의 국민을 상대로 군대를 투입시켰다는 것은 그 대상을 같은 국민으로 인정하지 않는다는 뜻이라고 생각해요.

그렇게 생각할 수도 있군요. 한편으로는 당시 시민들에게 총을 쏜 게 정당방위고 자위권을 발동한 것이라는 주장도 있어요.

———— 글쎄요. 아무리 시민이 공격해 왔다고 해도 국가의 무력을 쉽게 행사해서는 안 돼요. 의경들은 가끔 우리가 오락실에 있는 펀치기가 아닐까 생각하기도 합니다. 아무리 시민들이 공격해도 일단은 참아야 하니까요. 그냥 계속 맞으면서도 참는 거예요. 그래서 오히려 스스로를 보호하기 위해서 카메라를 꺼내 상황을 찍기도 해요. 물론 경찰관이 공지를 하죠. "여러분의 행동이 과격해지시면 법에 의거해 촬영을 시작하겠습니다!"라고요. 만약 카메라에 의경이 시민을 때리는 영상이 찍히면, 의경도 처벌받습니다.

종 씨는 평소에 광주라는 도시에 어떤 이미지나 생각을 가지고

있었나요?

———— 광주 하면 '용감한 도시'라는 생각이 가장 먼저 들어요. 눈앞에 총 든 사람들이 있다는 건 정말 무서운 거예요. 그렇게 무서운 상황에서 사람들을 하나로 뭉치게 만드는 건 신념 말고는 없어요. 한마디로 말하면, 용기죠. 그래서 광주는 억압에 굴하지 않는 용기의 상징 같아요.

용기라니, 멋지네요. 그렇다면 종 씨가 현장에서 경험해봤을 때, 우리 사회에서 집회가 장려되어야 할 행위라고 생각해요?

———— 개인적인 생각으로는 당연히 장려되어야 한다고 봅니다. 사람들이 자유롭게 말할 수 있는 자리잖아요. 모든 요청이 다 받아들여지기는 힘들겠지만, 그럼에도 자기 생각을 말할 수 있다는 건 사회가 건강하다는 뜻이니까요.

어떤 상황이든 어떤 의견이든 자신의 생각을 표현할 줄 아는 사회가 되어야 한다는 말인가요?

———— 그렇다기보다는 우선 자신의 생각도 옳

은지 확인해보고 그 생각이 너무 극단적인지, 표현의 방법은 적절한지, 모든 것을 스스로 관찰하는 시민의식이 필요하다고 생각해요.

좋은 말이네요. 표현의 방식까지 스스로 책임질 수 있어야 한다는 의미죠? 의경에서 정치적인 맥락을 의도적으로 배제한다는 건 꽤 대단한 일인 것 같아요.

———— 의경 중에 1980년대부터 일한 분들도 있어요. 정치적인 면을 굳이 따진다면, 보수적인 선배들이에요. 그럼에도 정치적인 이야기는 절대 하지 않아요.

와, 어떤 면에서는 정말 대단하네요. 의경이 되고 나서 시위와 집회가 더 가치 있다고 생각하게 된 것도 너무 의외예요. 부정적일지도 모른다고 생각했거든요. 하하. 정치적 상황의 한복판에 있으면서, 정치적 이야기는 절대 안 한다고 하니 신기하네요.

———— 또래 동료끼리도 정치 이야기는 하지 않아요. 하하.

종 씨는 이십대 학생이잖아요. 요즘 대학생들은 집회에 대한 시선이 어떤가요?

———— 다들 집회를 그냥 자연스럽다고 생각하는 것 같아요.

저는 2008년에 스무살이었어요. 그때 광우병 집회 이미지가 꽤 강렬하게 남아 있어요. 몇 년 전 촛불집회를 보면서, 지금 대학생들은 이런 경험을 하면서 성인이 되었다는 점에서 축복받은 세대라는 생각을 했어요. 그럼, 요즘엔 집회에 참가하는 친구한테 '빨갱이'라고 놀리지 않나요? 제가 대학생일 때만 해도 그랬는데요. 하하.

———— 푸하하. 그런 말 절대 안 합니다. 그냥 자기가 하고 싶으면 하는 거죠.

10

거리 두기와 의심하기

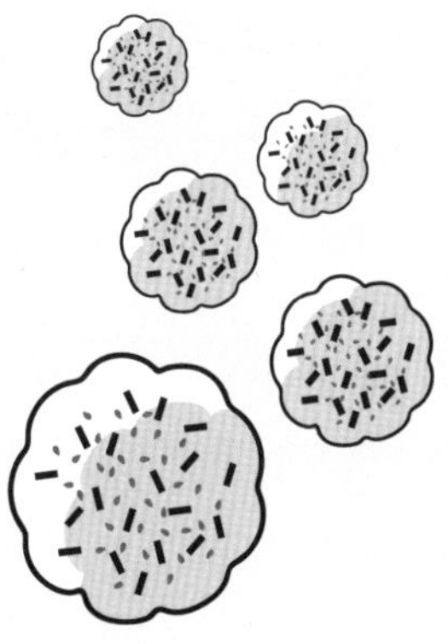

인터뷰 열

철썩

회사원이자 미디어 아티스트.
남자이자 페미니스트.
서울에서 태어나 일산에서 자랐다.

이번 인터뷰에서 시인 이성복의 시론 중《무한화서》(문학과지성사, 2015)에 나오는 구절이 생각났다. 이성복 시인에 따르면, 늘 같은 모양인 무성생식과 달리 유전자를 교환하는 유성생식을 하는 종들은 끊임없이 진화를 거듭해왔는데, 마찬가지로 시를 쓸 때도 유성생식처럼 진화를 거듭해야 한다고 했다. 무성생식은 사구(死句)의 길이고, 유성생식은 활구(活句)의 길이므로. 쉽게 말하면, 정말 새롭고 낯선 시를 써보자는 뜻이다.

5·18민주화운동과 광주에 대한 논의는 아직도 유성생식 중이다. 어느 한쪽으로 굳어버린 기성의 논쟁에 새로운 관점과 낯선 질문이 던져지며, 비로소 '활구의 길'이 되고 있다. 5·18민주화운동은 현재와 동떨어져있는 파편적 사건만은 아니다. 이 시대의 수많은 목소리와 움직임이 5·18민주화운동이라는 어머니와 탯줄로 연결되어 있겠지.

페미니즘적 관점을 비롯한 철썩 씨의 새로운 관점으로 그동안 다져온 모든 관점에서 살짝 '거리 두기'를 해보자. 정석에서 한 발짝 떨어져서 멈추지 않고 유성생식을 해보자.

철썩 씨는 '광주' 하면 어떤 이야기를 하고 싶어요? 자유롭게.

———— 저는 《오월의 사회과학》(오월의봄, 2012)이라는 책이 생각나요.

지금까지 인터뷰를 해오면서 이렇게 책 이야기부터 꺼낸 분은 처음이에요. 그 책이 생각난 이유는 뭔가요?

———— 그 책의 작가가 미국에서 박사 과정을 마치고 한국으로 돌아와보니까 나라꼴이 말이 아니었대요. 실제로 광주 현장에 있었던 건 아니지만요. 자신이 그 자리에 없었다는 죄책감 때문에 5·18민주화운동의 가치를 복권시키려고 연구의 대상으로 삼

고 쓴 책이라고 알고 있어요. 그 책에서 쓰인 개념 중에 '절대 민주주의'라는 개념이 있어요.

절대 민주주의요?

———— 네. 시민들이 그 당시 광주에 고립되어 있었고, 치안을 유지하기 위한 공권력 개입이 있을 수 없는 상황이었잖아요. 시민들이 자체적으로 치안을 유지하고 일상을 연장시키려는 시도를 해야 했는데, 당시에 범죄율이 무척 낮았다고 해요. 여자는 주먹밥을 싸고 남자는 투쟁하러 나가는 등 역할 분배도 완벽하게 이뤄졌고요. 그래서 그 책에서 쓰는 표현이 '불가능한 지경의 민주주의'예요. 모든 영역에서 민주화가 실현된 공동체라고 해서 '절대 민주주의'라는 표현을 썼고요. 그런데 저는 그 명명이 잘못된 것 같아요. 그런 식의 개념화가 좀 위험한 것 같달까요.

왜 위험하다고 생각하나요?

———— 어떤 집단을 관찰하고, 기록하고, 그걸 미적으로 가공하는 게 다큐멘터리스트가 하는 일이라

고 생각해요. 그 집단 바깥에서 바라보는 입장이 되어야 하지만, 그 구성원이 될 수는 없는 상태에서 만드는 거죠. 그랬을 때 '어디까지를 진실이라고 할 수 있는 걸까? 어디까지를 진실로 수집할 수 있는 걸까?'라는 질문을 해봤어요. 이 학자도 사실 그 안에 있었던 게 아니고 많은 시간이 지난 후에 바깥에서 상황을 바라봤기 때문에 그 결과물에 거리를 좀 둬야 한다고 생각해요.

여성의 인권이 남성의 인권에 비해 떨어져 있는 사회에서 여성에게 특권을 주는 건 역차별이 아니잖아요. 그런 것처럼 5·18 민주화운동에 의미를 부여하는 것도 명예 회복을 위한 노력으로 볼 수도 있지 않을까요? 책이 쓰인 시점을 고려한다면요.

———— 아, 5·18민주화운동에 대한 재조명 자체를 비판하는 건 아닙니다. '절대 민주주의'라는 평가에 대해 생각을 많이 해본 것 같아요. 페미니즘 단체에서 활동하고 있는데, 거기에서 집회를 나갔어요. 그럼 그 집회 현장은 엄청 질서 있고 그럴 것 같잖아요. 그런데 사실 그곳에서 성희롱도 많이 일어나거든요.

페미니스트 집회 현장에서요?

——— 네. 집회는 온갖 사람이 다 모이는 자리잖아요. 그래서 모임의 목표와 관계없이 현장은 무질서할 수밖에 없고 어쩔 수 없이 나오는 부작용들이 있어요. 제 주위의 여성들은 그런 것 때문에 집회에 나가는 걸 꺼리기도 해요. 예를 들면, 근처를 지나가던 술에 취한 아저씨들이 갑자기 친구를 붙잡고 "너희 지금 제정신이야?" 하고 소리 지른 적이 있어요. 그 일 이후로 든 생각이 있어요. 자발적으로 모인 군중을 무조건 윤리적으로 무결한 존재로 생각하는 걸 경계해야겠구나. 사실 그것도 민족주의적인 사고라고 생각해요. 약자는 고결하다는 생각이요.

그게 민족주의적인 사고인가요? 더 자세한 설명 좀 부탁드려요.

——— 옛날에 일제에 대항해서 민족의 자결과 자신의 권리를 요구하는 움직임이 있었잖아요. 그런데 그게 전체 파이로 봤을 때 비율이 어떻게 되며, 그 안에서 어떤 이질적인 움직임이 있었는지는 상대적으로 부각되지 않는 것 같아요. 특정인을 위인으로서, 영웅으로서 조명하는 데 방점이 찍혀 있죠. 그래

서 '약자=고결한 자'로 구도가 성립되는 것 위주로 배워왔다고 생각해요.

'촛불 혁명'이라고 사람들이 이야기하잖아요. '촛불 시민'이라고 스스로를 정체화하고, 서로 동질화시키고, 내부의 비균등적인 차이를 무화시키고 그러면서 공동의 정치 목적을 위해 나섰기 때문에 우리는 '촛불 시민'으로 호명될 수 있다고 말을 하는데요. 내부에서도 분명 묵살되는 목소리들이 있었을 거라고 생각합니다. 예를 들면 퀴어나 장애인 단체가 나왔을 때, 그들이 겪는 수모를 일반인이라 통칭되는 사람은 모를 수밖에 없죠. 분명히 누군가에게는 억압의 기제가 있었을 텐데 말이에요. 그런 걸 보면 좀 속상해요. 광주에 대한 연구도 심화되면 내부의 비균질적인 움직임이나 운동들도 조명받을 수 있는 게 아닐까 생각했어요.

그리고 한국 사회를 바른 방향으로 이끈 역사 속에서 오직 남성들이 과잉 대표하는 점이 있다고 생각해요. 그런 점에서, 조명되지 않은 부분이 조명받았으면 좋겠다는 거예요. 광주도 마찬가지고요.

철썩 씨는 광주라는 도시가 대한민국에서 어떤 위치이길 바라나요?

———— 아직까지는 사람들이 한국 현대사를 인식할 때, 광주라는 도시 자체가 '사건'으로 기억되고 있는 것 같아요. 저는 시민들의 의식을 진일보시킬 수 있는 방법 중 하나가 광주를 하나의 사건으로만 기억하는 게 아니라, 형식적 민주주의라고 하는 지금의 체제를 진전시키기 위한 '결정적인 모멘트'로 인식하는 데 있다고 생각해요. 광주라는 도시가 파편적 사건으로 인식되고 있기 때문에 한때 '홍어' 같은 말들로 서로를 상처 주기도 했었죠. 한국의 시민성을 형성하는 가장 기초적인 베이스라인으로 '광주'가 거론될 수 있는 제도적 장치가 마련되면 좋겠다고 생각합니다.

어려운 논의를 잘 마무리해주셨네요. 하하. 그런데 철썩 씨는 원래 이런 이야기를 친구들이랑 많이 나누나요?

———— 요즘에 누군가와 대화 나눌 때는 상대방이 나랑 비슷한 동료 시민이라는 안심이 들어야 얘기를 꺼내는데, 그런 경험이 점점 희박해지는 것 같아요.

요즘. (   ). 생각.

인터뷰 전문가가 아닌 우리가 광주리 프로젝트를 하면서 배운 사실은 '콩 심은 데 콩 나고, 팥 심은 데 팥이 나는 인터뷰'는 재미가 없다는 것이다. 우리가 인터뷰한 12명의 이야기는 광주에서 출발했으나, 서로 다른 도착지에 착륙했다.

도시 연구가인 준영과의 인터뷰는 광주에서 출발해 멀리 캘리포니아까지 날아가버렸고, 초년생 기자인 경의 인터뷰는 광주를 떠나 노인 문제의 깊숙한 지점에 자리를 잡았다. 연애 이야기로 시작한 PSK와의 대화는 우리 모두 한 번쯤 겪어봤을 편견에 대한 공감으로 수직 상승하기도 했다. 짜증, 답답함, 엉뚱함, 날카로운 지식이 서툴고 적나라하게 드러나는 인터뷰들. 예상치 못한 도착지에 내려 뒤를 돌아보면 저 멀리 광주라는 출발지가 작은 점이 되어 빛나고 있었다.

인터뷰이들로부터 얻은 가장 큰 배움은 우리가 모두 다른 생각을 한다는 거다. 그리고 그게 정말 건강한 일이라는 것을 알았다. 함께 뉴스를 보면 십 분 안에 싸워버리고 마는 아버지와 나도 사실은 건강한 관계라는 것.

베를린 어느 카페에서 다짜고짜 시작된 인터뷰를 허락한 지나. 소집 해제 후 여행을 하고 있는 종. 고양이 두 마리와 함께 잘 지내고 있다고 전해온 구글전. 여전히 회사 일에 치여 산다는 PSK. 정의로운 기자로 성장하고 있는 경. 어느새 가정을 꾸린 초등학교 선생님 민지와 대학원을 다닌다는 서희. 회사원이 되어서도 미디어 아티스트로서 열일하는 철썩. 정확한 정보 전달을 위해 한 글자, 한 글자 검토해준 준영. 떳떳하고 솔직한 인터뷰를 위해 노력해준 '달리, 봄'의 소연과 승리. 서울에서 혼자 살기에 도전한다는 예능 PD 제리. 기꺼이 생각을 나눠주고 수록을 허락해준 인터뷰이들에게 진심을 담아, 감사의 인사를 전한다.

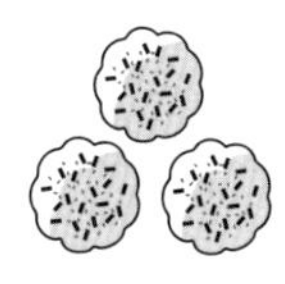

추천사

장소가 사람을 규정한다는 말을 들은 적이 있다. 나는 광화문에 산다. 십여 년째 이곳에서 살고 있다. 광화문은 나의 정체성 형성에 어떤 식으로 기여했을까.

1980년 봄 광화문에서, 하필이면 나에게 최루탄이 날아들어 나는 눈도 못 뜨고 신촌까지 걸어갔다. 최루탄 가루를 뒤집어쓴 채 퉁퉁 부운 얼굴로 광화문을 헤매던 기억 위로 세종문화회관 계단에서 총을 들고 서 있던 군인들, 가는 사람 불러 세우며 함부로 소지품 검사를 하던 거친 손의 기억이 얹어졌다.

지금은 없어진 중앙청과 은행나무들, 극장과 빵집, 책방 등 광화문의 옛 모습을 나는 많이 알고 있다. 하지만 나는 어떤 장소가 누군가의 기억으로 고정돼 있어야 한다고 생각하지 않는다.

광화문과 광주. 1980년의 기억에만 묶어두기엔 그곳 사람들의 삶이 너무 궁금하다. 나와는 다른 생각과 가치를 가진 사람들의 다른 이야기가 궁금하다. 한강 작가의 《소년이 온다》(창비, 2014)는 나도 아는 광주 이야기여서 가슴이 아파 천천히 들을 수밖에 없었는데, 이제는 다른 세대의 다른 이야기를 눈 반짝이며 고개 갸웃거리며 들어보고 싶다. 사람이 장소를 어떻게 규정하며 변화를 꿈꾸는지 경청하고 싶다.

_MBC 라디오 〈배철수의 음악캠프〉 작가 김경옥

요즘 광주 생각

초판 1쇄 인쇄일 2020년 4월 2일
초판 1쇄 발행일 2020년 4월 9일

지은이 오지윤 권혜상
펴낸이 정은영
기획편집 고은주 정사라 문진아
마케팅 이재욱 최금순 오세미 김하은
제작 홍동근

펴낸곳 꼼지락
출판등록 2001년 11월 28일 제2001-000259호
주소 04047 서울시 마포구 양화로6길 49
전화 편집부 (02)324-2347, 경영지원부 (02)325-6047
팩스 편집부 (02)324-2348, 경영지원부 (02)2648-1311
이메일 moonrise@jamobook.com

ISBN 978-89-544-4249-7 (03300)

이 도서의 국립중앙도서관 출판시도서목록(CIP)은 서지정보유통지원시스템 홈페이지(http://seoji.nl.go.kr)와 국가자료공동목록시스템(http://www.nl.go.kr/kolisnet)에서 이용하실 수 있습니다.(CIP제어번호: CIP2020012453)